AF358922

ENTREE DE LOYS XIII.
ROY DE FRANCE ET DE NAVARRE, DANS SA VILLE D'ARLES, LE XXIX OCTOBRE M. DC. XXII.

ESTANS CONSVLS, ET GOVVERNEVRS de ladicte Ville PIERRE DE BOCHES, & NICOLAS DYCARD *de l'Estat des Nobles*, & GAVCHIER PEINT, & CLAVDE IANIM de celuy des Bourgeois.

EN AVIGNON,

De l'Imprimerie de I. BRAMEREAV, Imprimeur de sa Saincteté, de la Ville, & Vniuersité.

M. DC. XXIII.

Auec permission des Superieurs.

Brunet note

AV ROY.

SIRE,

Un des successeurs d'Alexandre fit faire vn manteau d'vne tissure merueilleuse, & voulut qu'on y traçat la figure du monde, des astres, & des cercles du ciel: il demeura neantmoins imparfaict par le changement de sa fortune. Les Roys vos deuanciers auec plus de valeur, & de pieté enuers le ciel, l'ont continué: & si leurs mains n'eussent esté mortelles, & l'ouurage immortel, ils l'auroient conduit bien prés de sa fin.

V. M. la seule humaine diuinité que les François adorent en terre, deuoit commencer & finir vn si releué & pieux dessein, esleuant la Religion Romaine au plus haut de son throsne, & mettant la rebellion aux pieds victorieux de sa vaillance. Vous auez marqué la figure du monde en characteres de sang par vostre courage inuincible, non pour acquerir les tiltres de terrible, Poliorcete, & tonnerre : ains de pieux, clement, liberateur de l'Estat, restaurateur du repos public, & arbitre irrecusable de la Chrestienté. Le zele que V. M. a fait voir au releuement des Auteis que l'impieté auoit desmolis, a peint les cieux; si bien que la rebellion combattue, & abattue par vostre valeur, & la Religion remise par vostre pieté; ce manteau superbe commencé par Demetrius, continué par vos predecesseurs, a receu la derniere main par les mains sacrées, & toutes pleines de gloire de vostre Majesté.

Aussi les siecles passez n'ont rien veu de plus grand que vous, & ceux qui viendront apres ny pouuant atteindre, se diront tres-heureux viuans à l'ombre de vos lauriers.

Vostre Ville d'Arles, SIRE, qui a tousiours fait gloire de sa fidelité, & obeïssance à vostre Couronne, & qui a eu le benefice de voir la premiere vostre Majesté, apres que par l'acheuement de ce manteau il luy a pleu donner la paix à ses subiects, est demeurée comme exstasiée à l'esclat brillant & lumineux de vostre gloire; & reuenuë à soy a voulu faire paroistre en vostre entrée en icelle, tout ce qu'elle auoit conceu de sublime; mais elle aduoüe

franchement son impuissance , & proteste qu'au defaut de pouuoir represen-
ter le zele de vostre Religion, la douceur de vostre clemence, & la grandeur
du courage qui vous ameine les victoires toutes cōuuertes de palmes, elle ne
sera iamais gloire sinon de son obeyssance & fidelité , laquelle vous sera gar-
dée entiere & inuiolable, par

SIRE,

Vos tres-humbles, tres-obeyssans , & tres-fideles
subjects & seruiteurs, les Consuls & Gouuerneurs
de vostre Ville d'Arles.

VALENTIN DE GRILLE.
ANDRE' DE GVOIN.
CHARLES GVAVOT.
ANTOINE FRANCONI.

AV LECTEVR.

Talis erat Cæsar, Ianum cum clauderet orbi.
Orbes si dederis Cæsare maior erit.
LVD. XIII. GAL ET NAV. REX CHRISTIANISSIMVS
ARELATEM INGREDIENS

AV LECTEVR.

E n'eſt point par deſſein que i'ay permis à tout le monde ietter l'œil ſur ceſt ouurage, comme ce Romain auoit fait de ſa maiſon, l'ouurant de toutes parts pour y faire voir ce que l'on y faiſoit dedans : c'eſt par commandement, car ie n'eſperoy pas tant de moy meſme, que de pouuoir faire vne production de mon eſprit qui te fut agreable. Les fables & emblemes eſtoient les murailles de ce baſtiment, le diſcours les a abbattues, & l'on peut aiſement diſcerner tout ce qu'il y a de defectueux en la ſtructure : la puiſſance des Romains, la liberalité des Goths, la magnificéce des vieux Francs, la ſyncerité de Boſo eſtoient les materiaux : le paralelle de leurs vertus auec celles de Loys XIII. Roy de France & de Nauarre, les embelliſſemens, & la fable d'Andromede la couuerture : couuerture neantmoins qui auroit reüſſi tout autre, n'euſt eſté la briefueté du temps, & la faute des ouuriers. Le tiltre n'eſt point ſpecieux ny enflé, le diſcours eſt naif, ſimple, & n'a autre ornement que la verité. Ceux qui t'ont procuré ceſte faueur (Amy Lecteur) à fin que tu puiſſes voir à trauers ce baſtiment, & que tu recognoiſſes les liaiſons; ſont Meſſieurs Valentin de Grille, & André de Guoin Conſuls de l'Eſtat des Nobles, & Charles Gauot, & Antoine Francony de celuy des Bourgeois. Tu en aurois ioüy pluſtot, mais le Sculpteur Iean Beuf, directeur de la monnoye d'Auignon, lequel tu cognoiſtras à l'ouurage, comme le lyon à l'ongle, donnant ſon œuure à l'eternité, la voulu rendre eternel. Il n'a pas pour cela perdu ſon gouſt, comme vn fruict hors de ſaiſon; il ſera touſjours agreable puis qu'il parle de la verité, & delicieux puis qu'il eſt à l'honneur de celuy qui eſt les delices de l'Europe. Adieu.

¶¶   ENTREE

ENTREE DV ROY DANS SA VILLE D'ARLES LE XXIX. OCTOB. M. DC. XXII.

'ESTOIT la troisiefme année que la rebellion obligeoit le Roy à forcer fes villes. L'an 1620. le Bearn fut affeuré par fes armes. Le Poitou, Xaintonge, Guienne, & le Quercy 1621. le virent victorieux à leurs portes, & furent contraintes d'aduouër que iamais Prince n'eut plus de valeur, de iuftice, & de clemence en fes armes ; puis que les ayant vaincues outre le pardon de leur felonie, fa Majefté leur laiffoit les biens, la vie, & la liberté: exemple qui deuoit obliger, voire forcer les villes du bas Languedoc de fe rendre entre les bras d'vn fi iufte, fi clement, & fi victorieux Prince: mais comme leur rebellion n'auoit aucun terme en fa malice, auffi ne deuoit elle auoir aucun confeil en fa conduitte. Et en effect quand ils fceurent que fa Majefté defcendoit auec forces dans leur circle, comme les tygres au fon du tambour, ils entrerent en rage, & furieux abbatirent les Eglifes, prindrent les reuenus des miniftres d'icelles, faifirent les deniers du Roy, traicterent mal les Catholiques qui eftoient dans leurs villes, s'attrouperent en armes, fortifierent, & munitionnerent leurs places, & contraignirent à ces iniuftes reparations tous les habitans fans exception d'aage, de religion, de condition, & de fexe.

La fouueraineté eft le bouclier de Phidias, la brefcher en vn poinct c'eft la ruïner, le Roy ne deuoit, & ne pouuoit fouffrir vn crime fi enorme, le ciel mefmes, qui eft le protecteur des Empires, l'auroit vengé en fa faifon: mais comme le Roy, eft Roy, & pere de fõ peuple, il n'a voulu fouffrir, que Phrenetiques, ils fe procuraffent eux mefmes les miferes, & les maux qui fuiuent pour l'ordinaire les foufleuemens des peuples : ains les verges en la main, a fait reuenir ceux qui s'eftoient efcartez auec fi peu de confeil, & de iugement.

Et c'eft ce qui l'a conuié en la prefente année 1622. & troifief-

me de ſes conqueſtes, venir au bas Languedoc; & ſi heureuſement,
que la pluſpart des villes ont eſté prinſes par force, les autres s'eſtāt
volontairement ſoubmiſes à vne puiſſance ſi iuſte, & legitime.
Montpelier ſeul, comme le ſoulphre qui eſt ennemy des couleurs,
vouloit obſcurcir le luſtre d'vn ſi heureux voyage : mais ſix ſep-
maines de ſiege luy ont fait reprendre l'eſprit d'humilité, & d'o-
beïſſance, & receuoir les fruiⅽts d'vne paix, qu'vne rebellion ſi de-
teſtable n'auroit peu meriter, ny oſé eſperer.

Bien qui a comblé les villes de contentement, & donné le ſub-
ject des triomphes que l'on a dreſſez à l'honneur de ſa Majeſté, leſquels n'ònt cedé à la pompe, & magnificence des anciens. Romu-
lus en fut l'autheur, & apres auoir deſpouillé Acron de ſes habits
de guerre, en dreſſa le premier vn trophée : ceux qui vindrent apres
y apporterent plus de luſtre. Seſoſtris fit dreſſer vn chariot, & y at-
tacha des Rois qu'il auoit vaincus : Neron ſe fit trainer par d'Her-
maphrodites ; Heliogabale par des chiens ; Aurelian y voulut des
cerfs ; Alexandre Seuere des Elephans ; Cornelius Balbus y fit porter le plan des villes qu'il auoit forcées. Ceux qui en faiſoient les
decrets n'eſtoient pas les triomphateurs. Les Senateurs Romains
s'attribuerent ceſte authorité, & voulurent que Æmilius Regillus
triomphaſt pour auoir vaincu Annibal lieutenant du Roy Antiochus. Le peuple s'en plaignit, & ordonna que Glabrio qui au pas
de Termopiles auoit mis en route l'armée d'Antiochus triomphe-
roit. Il falloit auoir atteint vn aage prefix auparauant que pouuoir
triompher, neantmòins Pompee força Sylla de luy permettre le
triomphe. Nous n'eſtiõs point en ces termes, le Roy deuoit triompher, mais ſans exemple : car en ſon triomphe, on n'y voyoit que
clemence, les villes conquiſes y paroiſſoyent en franchiſe, & les
peuples en liberté.

Les grandes fatigues ſupportées par le Roy en la longueur du
voyage, & aux ſieges qu'il auoit faits, ne permettoient pas que lon
creut qu'il deuoit venir en Arles, & cela retardoit les deſſeins pour
la reception d'vn ſi iuſte Prince : neantmoins le Conſeil du Roy,
& la Nobleſſe qui en leur paſſage auoient receus des accueils ſi fauorables, & des traitemens ſi graçieux, par le ſoin, & diligence
de Meſſieurs les Conſuls : Les gens de guerre qu'on auoit defrayez
la pluſpart aux deſpens de la ville, & l'armée qui en auoit receu
toute ſorte de munitions de bouche, & de guerre : d'ailleurs le
commun bruit qui couroit dans la Cour, du zele de la ville au
ſeruice

seruice de sa Majesté, donnerent les motifs, & le plaisir au Roy de la voir en son passage: mais cela fust si soudain, & l'on eust si peu de loisir, que tout fust precipité, & parut moindre que ce que l'on auoit desseigné.

Le Conseil assemblé laissa la charge de ceste reception à Messieurs les Consuls, & parce que les affaires croissoyét à mesme que le Roy s'aduançoit, lesdits Sieurs Consuls donnerét la commission pour les ouurages à Messieurs de Varadier, & de Sabattier Gentils-hommes: & à Messieurs de Reynaud, & Begué Bourgeois, à la poursuite desquels on trauaille si à propos, & le tout fust conduit auec tant de soin, & de diligence, que si bien on eust desesperé de pouuoir rien faire à temps: neantmoings tout fust achepué, quoy que retressy en ses projects.

Le dessein de tout cest appareil fust dressé sur la fœlicité de Persée en la deliurance d'Andromede, par Messire Pierre Saxy Chanoine en l'Eglise dudict Arles autheur de ce discours.

L'Orace de Iupiter, Hamon, pour deliurer l'Ethiopie des rauages d'vn monstre marin, auoit fait attacher Andromede à vn rocher, sans autre secours que de ses larmes. Persée passant par là, touché d'vn si piteux spectacle, se mit en deuoir de la deliurer, & pressé de ces deux puissantes passions, la pitié, & l'amour, s'esleua en l'air, aydé par les aislerons qu'il auoit à sa chaussure, s'eslança contre ce monstre, luy mit sont espée dans l'espaule iusques aux gardes, & encor que ceste beste poussée de rage fit diuers efforts, elle ceda neantmoins à la valeur de Persée. Phinée se croyant outragé en ce combat, par la perte qu'il faisoit des faueurs d'Andromede, s'opposa à ceste victoire, & apuyé sur l'assistáce de ses amis, & partisans, attaqua Persee qui par la teste de Medeuse, le conuertit auec ses adherans en pierres: En suitte, il establit de ieux en Helicon, qui furent si agreables aux Poëtes, qu'ils le transporterent dans les cieux.

La Fráce est l'Andromede que la Iustice du Ciel a attachée pour ses pechez, & le monstre qui la veut ruiner, est la rebellion: Le Roy en est le Persée, vray fils de Iupiter, & vn Dieu humain à la Gregeoise, lequel doibt estouffer les sousleuemens de ce monstre religionaire: Mais qui plus preux que Persée, ne doibt changer les hommes en pierres: ains les pierres en hommes, & celebrer des ieux dans Arles pour son triomphe, comme dans Helicon, & receuoir par apres, non vne place imaginaire dans le Ciel, çomme

Perſee; mais par vn ſainĉte apotheoſe, eſtre glorieuſement
tranſporté au Ciel, pour lequel il combat, & à l'honneur duquel il
donne ſes victoires.

Ce projet reſolu, & la paix arreſtée, le Roy partit de Monpel-
lier pour s'en venir en Arles, & fit deux logemens. Le premier à
Eymargues petite place : mais forte d'aſſiete, pour eſtre dans les
marets, elle auoit receu les impreſſions de la rebellion, leſquelles
furent effacées au ſeul bruit de la venuë du Roy au bas Languedoc. Et le ſecond à S. Gilles, que quelques vns eſtiment eſtre l'He-
raclea, de laquelle Pline parle, ancien appanage de la maiſon de
Tholouſe, & cognuë pour auoir donné vn Pape à l'Egliſe vniuer-
ſelle.

Les Mareſchaux des logis, & fourriers arriuerent à cét effet
deux iours auparauant le Roy, & ayans denoncé à meſſieurs les
Conſuls l'arriuée de ſa Majeſté, en demanderent l'appartement,
& du reſte de la Cour. Meſſieurs les Conſuls, par la bouche de
monſieur de Boucl z premier Conſul reſpondirent, que c'eſtoit
la plus agreable nouuelle qu'on pouuoit leur donner, que la venuë
du Roy, que ſur l'aſſeurance qu'ils en receuoient ils n'epargne-
royent ny le particulier, ny le public, pour s'acquiter de çeſte reception, ſinon auec la dignité qui eſtoit deuë à ſa Majeſté, ce qu'ils
eſtimoyent ne pouuoir faire, du moins qu'ils contribueroyent à
ceſte actió, ce que l'ó pourroit eſperer d'vn delay ſi court. Apres ils
conduiſirent leſdits Mareſchaux, & fouriers chez monſieur l'Archeueſque, qui offrit ſa maiſon, & fut receuë pour le logis du Roy
& donnerent ordre, que le reſte de la Cour fuſt logé aux lieux les
plus aiſez & commodes de la Ville.

Pendant que tout cela ſe paſſoit, & que l'on aduançoit les ouurages de peinture, & de charpenterie, le Roy faiſoit chemin.

A Fourques par où ſe coule vn bras du Rhoſne, que l'on donne
vulgairement à Marius ce grand Capitaine Romain, quoy que la
feſte Marianne ne ſoit point là, ains plus bas & en vn lieu que l'on
appelle encor auiouid'huy la Foſſe, où il ſe retrancha contre les
Cymbres & Theutons: On dreſſa vn pont à bateaux auec ſes bar-
rieres, lequel ne fut pluſtoſt acheué de baſtir que le Roy ſe pre-
ſenta pour y paſſer. Monſieur Goin gentil-homme fut mandé vers
ſa Majeſté, pour l'aduertir qu'il falloit qu'elle ſe deſtournat du
chemin que l'on auoit deſſeigné, à cauſe de la violence des vents:
On l'attendoit aſſez tard, & elle arriua à onze heures du matin.

Toute

toute la ville estoit en bruit, les gens de guerre se r'amassoient, les
ouuriers trauailloyent auec vne diligence nompareille, les peuples
quittoient leurs maisons pour voir leur Prince, qu'ils auoient attendu auec tant de desir, & d'impatience, les vents souffloient auec
vne violence non accoustumée : parmy ce tintamarre on donne
aduis dans la ville, que le Roy arriueroit par vne autre porte, que
celle que l'on auoit marqué, & qu'il se couloit auec petite compagnie à la porte de Roquete. Les Consuls y courent, & ceux qui
estoient dans le bateau destiné pour la reception de sa Majesté, le
descouurant y dresserent les rames, & aydez de leur diligence, luy
seruirent au traiect de la riuiere. Le Roy s'informa par où passe-
roient ses gardes, combien il faloit de personnes pour ce bateau, &
en tout il monstra le soin qu'il a des siens, & sa preuoyance en toute chose.

Ce bateau estoit en forme de maison auec ses fenestrages, peint
en tous ses endroits, & enrichy de plusieurs beaux couronnemens,
autour de la charpenterie y regnoit vne frize, embellie de grotes-
ques, & autres phantasies tres-gentilles en façon de ceinture, le de-
dans estoit couuert de damas cramoisi, bordé en ses extremités de
soye mipartie de blanc, & de cramoisi. On auoit fait dessein d'y
peindre vn Iupiter foulant vn globe terrestre, & vn Neptune qui
auroit maistrisé l'Ocean: car la terre, & l'onde, sont les resmoins ir-
reprochables des victoires que le Roy a r'emportées par dessus ses
ennemis. Ces vers y estoient pour animer ceste peinture.

IVPITER IN TERRIS, LIQVIDIS NEPTVNVS IN VNDIS
DICERIS, ET SEMPER VINCIS, VBIQVE DEVS.

Tout le monde courut en foule, pour se trouuer à la descente
du Roy, & quelle diligence que fissent Messieurs les Consuls, ne
sçeurent le rencontrer que sur le rauclin de la porte de Marquenou, & là mesmes luy offrirent leurs deuoirs, comme vne rencontre si soudaine, & si inopinée leur peut permettre, auec excuses de
ceste surprinse. Lesdicts Sieurs l'accompagnerent à l'Archeues-
ché, logis destiné pour sa Majesté, & la supplierent de se vouloir
rendre à la Caualerie pour y receuoir les hommages des habitans.
La violence des vents, & la traitte que le Roy auoit faicte, furent
cause que contre la forme obseruée ailleurs, le Roy remit son entrée au lendemain.

Ce iour se passa aux hômages de Messieurs de la Cour de Parle-

B

ment, Chambre des Comptes, Cours des Aydes, & Finances, qui
s'eſtoient rendus en Arles quelques iours auparauant, & de Meſſieurs du Siege.

Monſieur d'Oppede premier Preſident, accompagné de ſix Conſeillers, & deux de Meſſieurs les gens du Roy.

Monſieur le Preſident de la Ceppede, pour la Chambre des
Comptes, en pareil nombre de Conſeillers, & gens du Roy furent
receus à la porte de la chambre de ſa Majeſté, par Môſieur de L'au-
nay Lieutenant des gardes du corps, & conduits iuſques au mitan,
& là remis entre les mains du Sieur d'Herbaud Secretaire d'Eſtat,
au deſpartement de la Prouence, qui les introduiſit dans le cabinet, & Meſſieurs du Siege entrerent immediatement apres.

Monſieur le Lieutenant de Maillane porta la parole, ſe mettant
à genoux le Roy le fit leuer.

Ces receptions ainſi paſſées, le Roy parut en vne galerie qui
eſtoit au bout de ſa chambre, & viſoit ſur la ruë, pour contenter le
peuple, qui bruſloit impatiemment du deſir de voir ſa Majeſté, &
receut en meſme temps les acclamations fauorables de ſon peuple,
implorant le ciel de verſer ſur luy ſes faueurs, & luy donner l'aage
d'vn Neſtor, auec ces voix, viue le Roy, viue le Roy Louys.

Voicy le iour qu'Arles marquera d'hores en là dans ſes faſtes
en lettre d'or ; iour auquel il a eu l'honneur & le bien de voir ſon
Roy, qui eſt le ſeul Soleil eſclairant les iours heureux de ſes plus
fauorables eſperances.

Iour qui parut tout ſerain, & qui ne mit point en peine le peuple d'appeller le Soleil outrageux & tyran, comme les Atlanti-
des, qui ne peuuent ſouffrir ſes ardeurs immoderées. Æole auoit
fermé la porte de ſon antre, & n'en auoit permis la ſortie à ſes ſub-
jects que pour baloyer l'air, & rendre la Majeſté du Soleil plus au-
guſte. Ce iour fut tout entier à Meſſieurs les Conſuls, & ſembla
que les Elemens & les Aſtres vouluſſent eſtre de la partie, pour rendre auec eux leurs hommages à vn ſi grand, ſi victorieux, & ſi iuſte
Monarque.

Ce iour qui eſtoit le Dimanche, pour n'eſtre veu que triôphant,
ſa Majeſté ouït la Meſſe dans la Chapelle de l'Archeueſché, & a-
pres diſné monta en caroſſe ſuiuy de ſa Cour, & ſortant par la porte de Marquenou, ſe rendit à la porte de la Caualerie, dans vn logis de Charpenterie que l'on y auoit dreſſé.

Ce logis eſtoit à deux cens pas de la Caualerie, baſty tout de
                                                        char-

Charpenterie, & pofé fur le haut de la Chauffée : il auoit quatre
toifes en fon carré, fermé du cofté du Septentrion, & ouuert du
cofté de l'Orient ; affin que le Roy vit mieux à fon aize deux mil
Arquebuziers, tous enfans de la ville conduits par les cinq Capitaines des Cartiers, qui eftoient rangez en bataillon dans un gue-
ret. Il eftoit encor ouuert du cofté de la ville, parce que la porte
de la Caualerie, qui eft vne des plus belles de France, s'offroit tout
à plein à fa Majefté : du couchant il y auoit vne galerie attachée à
ce logis, haute de deux toifes & demy, large de deux, & en auoit
douze en fa longueur ; elle aloit aboutir à la riuiere, & pour rendre
l'acces du bateau Royal plus commode à ladicte galerie, on y a-
uoit fait vn pont, qui aduançoit vne toife dans le rhofne, auec quin-
ze grands degrés : la porte de cefte galerie qui regardoit la riuiere
eftoit enrichie de peinture, & la frize qui foubftenoit le timpan
portoit ces vers.

*PANDE DVPLEX ARELATE TVOS, BLANDA HOSPITA, PORTVS
GALLVLA ROMA ARELAS.*

Le ciel de cefte galerie, portoit en vn compartiment les deui-
fes des Roys de France, les Pilaftres qui ioignirent le Parapet auec
le toiét tous Fleurdelifez fur l'azur, & la ceinture qui feruoit de
couronnement, & regnoit en dehors tout au long, eftoit parfemée
de chiffres couppées, & taillées fur le bois marquées en or.

De cefte galerie on entroit dans la chambre que i'ay commencé
à defcripre, par quatre grands degrez, formés & conduits en rond,
lors que vous eftiés entré, vous decouuriez le plancher enrichy de
chiffres Royaux, & Fleurs de lys d'or fur l'azur dans leur carré,
fans nombre ; les coftés qui eftoient fermez, vous le voyez tendus
d'vne tapifferie de Flandres ; au Septentrion il y auoit vn daiz de
fatin iaune couuert de paffement d'argent, auec fon doffier,
qui pendoit au deffoubs d'vne chaire preparée pour fa Majefté,
releuee fur vn marchepied à deux degrez, couuert d'vn tapis ve-
lonrs de Turquie, ainfi que le refte du paué de la chambre. la table
qui eftoit au deuant du marchepied affortie de mefme façon, &
pour ne rien oublier, on auoit parfumé ladicte chambre de toute
forte d'odeurs, & particulierement de fleurs d'Orange,

Le dehors eftoit majeftueux, enrichy de colomnes peintes fur
le bois, auec leurs ordres : le potail à la ruftique, maçonné à guize
de rocher, qui dans fes veines, & ouuertures portoit de la mouffe,

à laquelle estoient attachez, de lezars, limaces, & coquilles de mer.

Les gardes du corps se saisirent de ceste porte, on y entroit par quatre grāds degrez, le couuert de ce logis auoit pour comble, vne grande baze, soubtenuë par quatre Lyons, lesquels comme consoles, ou saillies se venoient ioindre par le dernier, aux extremitez de ce bastiment : ceste baze portoit vne couronne de France, fermée par le dessus en or.

Ces vers estoient sur la porte.

VRBS ANTIQVA, POTENS ARMIS, ATQVE VBERE GLEBAE:
HAS IMMORTALES, LVDOVICO CONSECRAT AEDES.

Et affin que la description de la galerie soit plus aysée à comprendre, en voicy l'ichnographie, auec son rapport bien mesuré.

VRBS ANTIQVA
POTENS ARMIS
ATQVE VBERE
PANDE DVPLEX

LA GALERIE ET TRIBVNE
AVX HARANGVES.

MEssieurs I. de Grille, sieur de Robias, Viguier pour le Roy en la Ville. P. de Boches. N. Dycard. G. Peint, & C. Iahin Consuls, & I. de Beaujeu gentil-homme, Capitaine de la Tour du Tampan, suiuis de la plus grande partie des Gentils-hommes & Bourgeois de la Maison Commune, s'estoient desia rendus à ladicte galerie, quand le Roy y arriua en carroce, & entré qu'il fust dans le logement, le Roy manda monsieur le Comte de Schomberg ausdits Sieurs Consuls, pour sçauoir comme quoy ils desiroient parler à sa Majesté ; & lesdits Sieurs Consuls protestarent en mesme temps qu'ils vouloient parler à sa Majesté auec les plus grandes soubmissions qu'il leur seroit possible: & estimoient ne la pouuoir faire plus grande, que de parler à genoux. Le Romain baisoit la main à l'Empereur; les Medes, Perses & Indois se prosternoient à terre; les Escossois obseruoient de pareilles ceremonies qu'aux sacrifices: & le François a creu la Majesté de ses Rois vne humaine & terrestre diuinité. Le Roy trouua ceste responce fort à propos, & ledit seigneur Comte les conduisit à sa Majesté, laquelle assise en son Thosne, oüyt le sieur Ferrier, Aduocat & Asseur, pour eux, qui dit:

SIRE,

Les Ægyptiens voulans eternizer les actions d'vn Prince, les ont representees par la foudre, d'autant qu'il n'y a rien qui resonne, ny qui esclatte d'auantage. Appelles la mit en la main d'Alexandre en despit de la jalousie de Lisippe, pour donner à entendre au monde, que la memoire d'vn si grand Roy ne deuoit iamais estre oubliee.

Ceste voix que les victorieuses actions de V. M. ont porté iusques aux extremitez de la terre, & laquelle a poussé les nations estrangeres à leuer ceste mesme foudre des mains d'Alexandre pour la placer dans la vostre, & rendre auec plus de raison vostre los immortel, m'a amené aux pieds de V. M. au nom de vostre Ville d'Arles, de qui ie vous presente les vœux, *afin de la supplier tres-humblement d'aggreer que nous entrions au partage de ce desir, que vos gestes pleins de generosité ont imprimez dans le cœur de ceux qui ne sont point vos subjects.*

Nous les deuançons en toutes façons, & ceste passion qui est entée au cœur des estrangers par vos Royales vertus, estant née & esleuée auec nous, fait que nous osons supplier le Ciel, de rendre vos operations diuines en quelque façon, comme celles de la foudre.

Puissiez-vous donc, ô grand Roy, le plus pieux, le plus Iuste, le plus inuincible, vous faire iour à trauers les nuës les plus espaisses de vos ennemis, escarter les desseins des perturbateurs du repos public, & par les tonnerres menaçans de vos forces, atterrir ceux qui refuseront d'obeïr aux justes loix de vostre Couronne.

Nous nous reseruons les esclairs lumineux de vos plus brillantes vertus, pour n'estre iamais distraits du chemin de la subjection, fidelité, & obeyssance que nous iurons & protestons aujourd'huy en vos sacrees mains, entiere, eternelle, & inuiolable : Implorans du Ciel à cest effect, d'espandre sur vostre tres-auguste maison, ses plus douces & agreables benedictions.

Et que par ce mesme moyen il plaise à V. M. de trouuer bon, que nous luy demandions la confirmation de nos anciennes Conuentions & Priuileges, conformement à ses predecesseurs.

Le Roy respondit, & promit de conseruer la Ville en ses Conuentions, Franchises, & Libertez.

L'Infanterie en mesme temps, conduite par le Sieur d'Vzane Gentil-homme, Capitaine de la Ville, tira si à propos, qu'on eust dit que ce n'estoient que tonnerres grondans à plusieurs reprinses, les fregates suiuirent apres, & soixante pieces d'artillerie.

Cependant lesdits sieurs Viguier, Consuls, & Capitaine de la Tour du Tampan, s'aduancerent vers la porte pour prendre les bastons du poisle : il estoit de satin blanc brodé, & recamé de fleurs de Lys, auec armes & chiffres de sa Majesté, posé sur six bastons peints de fin or bruny sur le blanc, auec vne fleur de Lys taillée à quatre endroits au bout, & au Couronnement.

L'escopeterie se redoubla iusques à quatre fois, & le canon recommençant à bruire, sa Majesté sortit hors la chambre, & montant à cheual fut saluée par les hautbois qui estoient entre les deux tours de la porte de la Caualerie.

Le Roy estoit monté sur vn cheual blanc, l'harnez d'vne broderie rehaussée & esmaillée de plaques d'or : iamais Bucephal ne
fut

fût plus superbe quand il portoit Alexandre, car cestuy cy portoit
vn plus grand qu'Alexandre, puis qu'Alexandre n'auoit peu vaincre soy mesme, & celuy cy triomphoit des vaincus par sa valeur,
& de soy mesme par sa clemence. Sa Majesté estoit parée d'vn
pourpoint de satin blanc, & haut de chausse de pourpre, rehaus-
sées en broderie, & distinguées auec petites pieces de luysans d'or,
sa mandille ou manteau de mesme façon: si bien que le soleil y faisoit briller non vn, mais plusieurs soleils; voire le Roy paroissoit
vn Ange en sa plus esclattante gloire : & i'en retire ma plume, in-
capable à descrire les graces qui estoient en ceste face & Majesté
Royale.

Sur le rauelin Monsieur de Boches premier Consul luy presen-
ta les clefs de la Ville, d'argent, & dit:

SIRE,

Voicy les clefs de vostre ville d'Arles, & auec elles les cœurs de vos subjects,
la matiere est leur fidelité, & la forme leur obeyssance: auec l'vne & l'autre
ils protestent de demeurer inuiolablement attachez à vos commandemens.

Ledict sieur Consul auoit à son costé I. D'augieres Secretaire de
la Maison Commune, qui tenoit le Liure des conuentions de ladicte ville passées auec les anciens Contes de Prouence, & ratifiées
par les Roys de France, couuert de satin blanc en broderie d'or. Le
Roy print les clefs, & les donna au Sieur Marquis de Mony, se mit
au dessoubs du poisle, & commença d'aller, voicy l'ordre.

Six trompettes habillez de iaune, qui est la liurée de la ville,
auec la banderole de satin blanc, & le lyon en broderie d'or.

Six vingts Gentilshommes, ou Bourgeois de la ville.

Plusieurs Seigneurs & Gentilshommes de la Cour, parez par
l'exprés commandement du Roy.

Les ordres des Religieux, huict en nombre, dix Parroisses, & le
reste du Clergé en surpelis.

Monsieur le grand Preuost accompagné de cinquante Archers
de la Preuosté, auec son trompette tous à cheual.

Cent Suisses de la garde, conduits par leur Lieutenant, le tambour battant à leur mode.

Monsieur de Launay lieutenant de la garde du corps, auec les
gardes, & hoquetons blancs à pied.

En mesme temps que tout cela fut passé, parurent six trompettes de sa Majesté, habillez de la liurée.

Quatre Herauts d'armes auec la tocque de velours noir, & le cordon d'orfeurerie en teste, leur casaque de velours violet, parsemée de fleurs de lys en broderie d'or, en forme de mandille, le baston fleurdelizé en la main.

Deux Massiers portant les masses d'or, couronnées à l'imperiale, immediatement deuant le poisle, Messieurs les Mareschaux de Praslin, de Bassompierre, & le Comte de Schomberg.

Monsieur de Liancourt tenoit en la main vn baston de bresil, comme celuy du Roy, morné d'argent au milieu, & aux deux bouts, que Messieurs les Consuls auoient fait faire, & portoit le baudrier & espée royale fleurdelizée, en l'absence de Monsieur le Grand. Sa Majesté se monstra incontinent soubs le dais en la façon que i'ay dit, portant vn baston de bresil morné d'argent.

Deuant le cheual du Roy marchoient les valets de pied teste nuë, les Escuyers bottez à pied, & vn peu à costé Monsieur le Marquis de Mony, le Lieutenant, Enseigne de la Garde du corps, & les Escossois tout autour de la personne du Roy à pied.

Monsieur de Vendosme estoit apres le dais, & à ses costez Messieurs le Duc de Montmorency & d'Espernon.

En suite toute la Cour qui n'auoit peu gagner le deuant.

La grande & principale porte n'auoit eu autre ornement que son ordinaire, son edifice estant tres-beau, & tel qu'on peut dire qu'il n'y en a point en France de pareil, les armes du Roy enuironnées de laurier au dessus, & en la clef de la voute ceste inscription.

LVD. XIII. COGNOMENTO IVSTVS, PERSEVS GALLICVS, STVPENDAE VIRTVTIS HEROS, GALLICANARVM SEDITIONVM DEPVLSOR ACERRIMVS, FORTVNACISSIMVS, FOELICISSIMVS, ORBIS DELICIAE: HODIE LAETVS, SERENVS, ARELATEM ROMAM GALLVLAM VETERIBVS FRANCIS ALBAM, PROPTER INTACTAM ERGA SVOS PRINCIPES FIDEM INGREDITVR, NON CVRRV, IMO POPVLORVM HVMERIS DEPORTATVS, OMNIVM ORDINVM VOTIS, CAELO OBSECVNDANTE.

Toutes les ruës estoient parsemées de sable, couuertes par en haut, & tendues de tapisserie, les fenestres & deuant des maisons tellement occupé par les dames & reste du peuple, qu'il sembloit qu'Arles eut depeuplé la Prouince pour ceste feste: la magnificence paroissoit en la pompe, & l'amour en la voix du peuple qui crioit sans cesse, Viue le Roy.

PRE-

QVAM TIBI FATA
NON ISTIS DIGNA CATHENIS
PERSEVS ANDROMEDAM SOLVIT, TV VINCVLA SOLVES
GALLORVM, HVIC ORBEM DESPONDENT FATA LABORI
HACTENVS NVBILA PELLO
VICTOR ABHOSTE REDIBO
BORBONIVS SVPEREST, QVI MOENIBVS ARCEAT HOSTES

PREMIER ARC TRIOMPHAL.

SA Majesté entrant dans la ville, eut pour premiere rencontre ceſt Arc d'ordonnance Toſcane, laquelle eſt ſans façon & ornement: parce que la parole que le Roy donnoit à la France ſoubs l'habit de Perſee, n'auoit beſoin d'autre appuy que de ſoy meſme; la parole, & l'effect de la victoire promiſe, eſtant attachez à ſon bon-heur, & à ſa force royale.

L'image & le tableau qui eſtoit au grand portail, repreſentoit Andromede attachée à vn rocher à demy couuerte d'vne robe fleurdelizée, toute triſte, & en pleurs par l'apprehenſion qu'elle auoit d'vn monſtre marin, lequel par decret de l'oracle de Iupiter Hamon, ſortant de la mer s'en venoit droit à elle, flottant ſur les eaux, pouſſant les ondes auec ſon muffle, & par ſa trompe deſgorgeant vne riuiere effroyable d'eaux. Perſee paſſant là, ou par rencontre, ou par deſtin, voulut eſtre informé du faict, & ſçachat que par l'oracle elle auoit eſté ainſi liée & attachée pour deliurer la prouince des maux, que ce môſtre cauſoit, r'aſſeura ſa contenance; & le peintre auoit ſi naifuement exprimé par ſon pinceau leurs intentions, qu'on eut dit à les voir, que Andromede imploroit l'aide du bras de Perſee, pour rompre & briſer ſes liens, & que Perſee s'obligeoit par ſerment de ruiner ce monſtre, & la mettre hors du peril d'vne captiuité ſi affreuſe.

La paralelle conſiſtoit en ce que la France, depuis que l'hereſie y a eſté introduite, n'a preſque rien retenu de François, ains comme vne proſtituée, à demy deſpouillée de la fidelité qu'elle doit à ſon Prince, s'eſt rendue ſubiecte aux factions & partialitez, qui ſont pour l'ordinaire les degrez, par leſquels les ſceptres & les couronnes vont à leur ruine. Le bras droit eſtoit à deſcouuert, parce que l'hereſie a par ſa nouueauté attiré la pluſpart de la Nobleſſe, & des grands, & par ce moyen a cloué le bras droit de la France, qui eſt la Nobleſſe: les larmes couloient ſur ſes iouës, ſur les apprehenſions que les bons & veritables François conceuoient des ruïnes, que ce monſtre de la rebellion apporteroit dans la France, & non-obſtât l'oracle du ciel, qui ſembloit l'auoir ainſi ordôné. Loys XIII.

D

comme vn autre Perſee , aſſeuré que ces menaces n'eſtoient point
pour la perdre,mais pour luy rendre ſon ançienne liberté,arreſtoit
le flux de ſes larmes, & promettoit que iamais ſa valeur, & ſon
courage , ne ſe donneroient aucun repos, qu'il n'eut deſliuré la
France, comme vne autre Andromede, de laquelle il en eſtoit eſ-
perduëment amoureux. L'ame du corps de ce tableau eſtoit:

NON ISTIS DIGNA CATENIS.

La France,& les François croyent de porter ce nom par la liberté qu'ils ont acquiſe du temps de Valentinian,& ont eu ce ſurnom
de Francs, lors que toutes les nations de la terre ployoient le col
ſoubs le ioug des Romains : voyla pourquoy il n'eſt pas raiſonna-
ble qu'vn tiltre ſi glorieux , & acquis par le ſang de nos premiers
peres,ſoit perdu en la mauuaiſe intelligence de quelques François
illegitimes, qui n'ont autre eſprit que celuy de la reuolte,& de la
rebellion. Hors donc ces chaines & ces liens qui ne ſont que pour
des eſclaues,& non pour la France, qui eſt toute franche, & la mere de la franchiſe & de la liberté.

Le feſte & le couronnement de l'arc donnoit l'aſſeurance de ceſte propoſition , portant vne victoire la palme en vne main , & la
couronne en l'autre,auec ce mot en ſa baſe.

QVAM TIBI FATA.

Il y a long temps que ce monſtre de l'hereſie menace la France,
pluſieurs Roys ont trauaillé à le ruïner,mais inutilement. François
ſecond luy donna quelques attaques, ces ſecouſſes luy aigrirent le
courage : Charles IX. l'auoit puiſſamment affronté, ceſte ſaignée
fut ſa gueriſon,car Charles mourant il luy falut donner des aſſeu-
rances , deſquelles par ſa malice il a vſé ſi induſtrieuſement pendant le regne d'Henry III. que Henry IV. fut contraint s'en des-
faire par d'autres voyes occultes & inſenſibles. Et en effect ſi la
mort de ce grand Roy n'eut preuenu ſes deſſeins , la palme que ceſte victoire porte en main luy eſtoit reſeruée: mais le ſecret reſſort
du ciel a voulu eſprouuer les forces des autres Roys, à la ruïne de
ce monſtre,& n'a voulu permettre qu'aucun s'en donnaſt la gloire:
le ciel le vouloit pour Loys XIII. Attila deuoit eſtre ruïné,Martian
l'auoit eu en ſonge: Vitellius deuoit auoir l'Empire, la flamme lu-
mineuſe s'eſtoit monſtrée à luy : Lucullus deuoit vaincre ſes ennemis, les taureaux ſacrez de Diane l'auoient preſagé. Nicoſtratus
fut

fut superieur aux ieux Olympiques, le lyon qui s'estoit monstré au coin de son lict en auoit esté la figure. L'heresie rendoit les abois, & Dieu en auoit marqué l'autheur, & le lieu de vray Mars, qui est le Dieu des armées luy auoit mis l'espée en main pour en tracer la victoire: tout autre que celle que la mere d'Attila vit en songe, & la couronne que Meletius Euesque d'Antioche mit sur la teste de Theodose au plus profond de son sommeil, n'estoit pareille à celle cy que Dieu auoit formée au secret cabinet de sa preuoyance eternelle, & que les Anges auoient portée en terre pour en orner le chef de celuy qui est la merueille de nos iours, & le miracle des Roys aux siecles à venir.

Tout le reste de l'enrichissement de l'arc respondoit à ce dessein, par les vers qui estoient escrits en la grande frize.

PERSEVS ANDROMEDAM SOLVIT, TV VINCVLA SOLVES GALLORVM: HVIC ORBEM DESPONDENT FATA, LABORI.

Ces vers marquoient l'asseurance de la victoire au Roy, & la recompence qu'il en deuoit esperer : car comme Persee auoit terrassé la beste par sa valeur, & l'auoit côtrainte, malgré tous ses efforts, de ceder à la force de son bras; aussi le Roy auroit la rebellion à ses pieds, & la rendroit hommagere de son bonheur, & de sa iustice. La beauté d'Andromede estoit le prix des trauaux de Persee ; & le Roy qui a rendu la France sans beste venimeuse, ainsi que l'isle de Crete, planteroit ses derniers trophées au bout de l'vniuers.

L'Eloge auoit encor pareillement son rapport.

BORBONIVS SVPEREST, QVI MOENIBVS ARCEAT HOSTES.

Les affaires desquels le Roy s'est desueloppé pendant treize années de son regne, & qui se trouuêt dans l'histoire du temps, monstrent quels ennemis il a eu à combattre, & en quelle saison il a esté attaqué : & en effect si au Pont de Sé il n'eut paru Cæsar par son courage ; à l'Isle de Rié Alexandre sur le Granique, par sa resolution; & Pyrrus en la soudaineté de ses victoires, par sa vigilance: la France seroit à la cadene, & la Monarchie, qui est le seul estat desirable, seroit changé en vne confuse & troublee Anarchie : mais Dieu en auoit ordonné autrement, & il n'appartient qu'à la race auguste des Bourbons à releuer la France, comme aux Hercules, & aux Atlas à porter le ciel.

Le premier Embleme qui remplissoit vn des coins, qui estoient en la defcente de la voute, marquoit vne main laquelle fichoit vne efpée en terre, & chaffoit les brouillars, auec ce mot d'Ouide.

HAC, TRISTIA NVBILA PELLO.

Ctefias medecin du Roy Cyrus, parmy les merueilles qu'il raconte des Indes, dit, qu'il y a vne fontaine de laquelle on tire de l'or, & a en fon fonds vne miniere de fer, duquel on forge des efpées qui chaffent les tempeftes: la royauté eft la fontaine, fa fource en eft diuine, & fes eaux glorieufes: l'or qui s'y trouue eft la clemence, & la bonté du Prince: le fer, fa iuftice, laquelle efcarte les pernicieux deffeins des fubiects rebelles: la main doncques qui tient cefte efpée, c'eft la main du Roy, à qui feul appartient le droit du glaiue, & il eft enfoncé dans la terre, qui eft les flancs de la rebellion, laquelle n'eft compofée que du marc du peuple, de qui les deffeins font exprimez par les brouillars, que le vent, & force occulte de cefte efpée efcarte & diffipe.

Le fecond embleme, & pofé en l'autre defcente, reprefentoit le combat du rhinocerot contre l'elephant, auec ce mot:

VICTOR AB HOSTE REDIBO.

L'Elephant eft vn animal immenfe, de qui les os font comme colomnes d'airain, fa forme eft eftrange, fa force merueilleufe, fes dents & fon muffle monftrueux: il a perpetuelle guerre contre le rhinocerot, qui n'eft qu'vn point au prix de ce vafte corps, fi bien la nature l'aye maillé, & donné vne corne qui luy fert de nez, il fortifie fa foibleffe d'artifices, & fe mettant au deffoubs de luy, comme foubs vn couuert luy perce les flancs au defaut de fes gros cartilages, & emporte ordinairement la victoire. L'elephant eft l'image des peuples vafte corps, & puiffant, mais qui n'a point de tefte ny de iugement. Les rhinoceros font les Roys, ceux cy armez, & maillez par la nature; les autres par la loy & onction du ciel: leur corne eft leur fceptre, & enfeignez par la iuftice, comme ceft animal qui eft leur hieroglyphe par la nature; ils attaquent, combattent, & abattent affeurément ce qui s'oppofe à leur puiffance. Voylà pourquoy la rebellion ayant paru fur les rangs, & ayant fait parade de fes forces en la plufpart des prouinces de France, la victoire eftoit affeurée au Roy.

SECOND

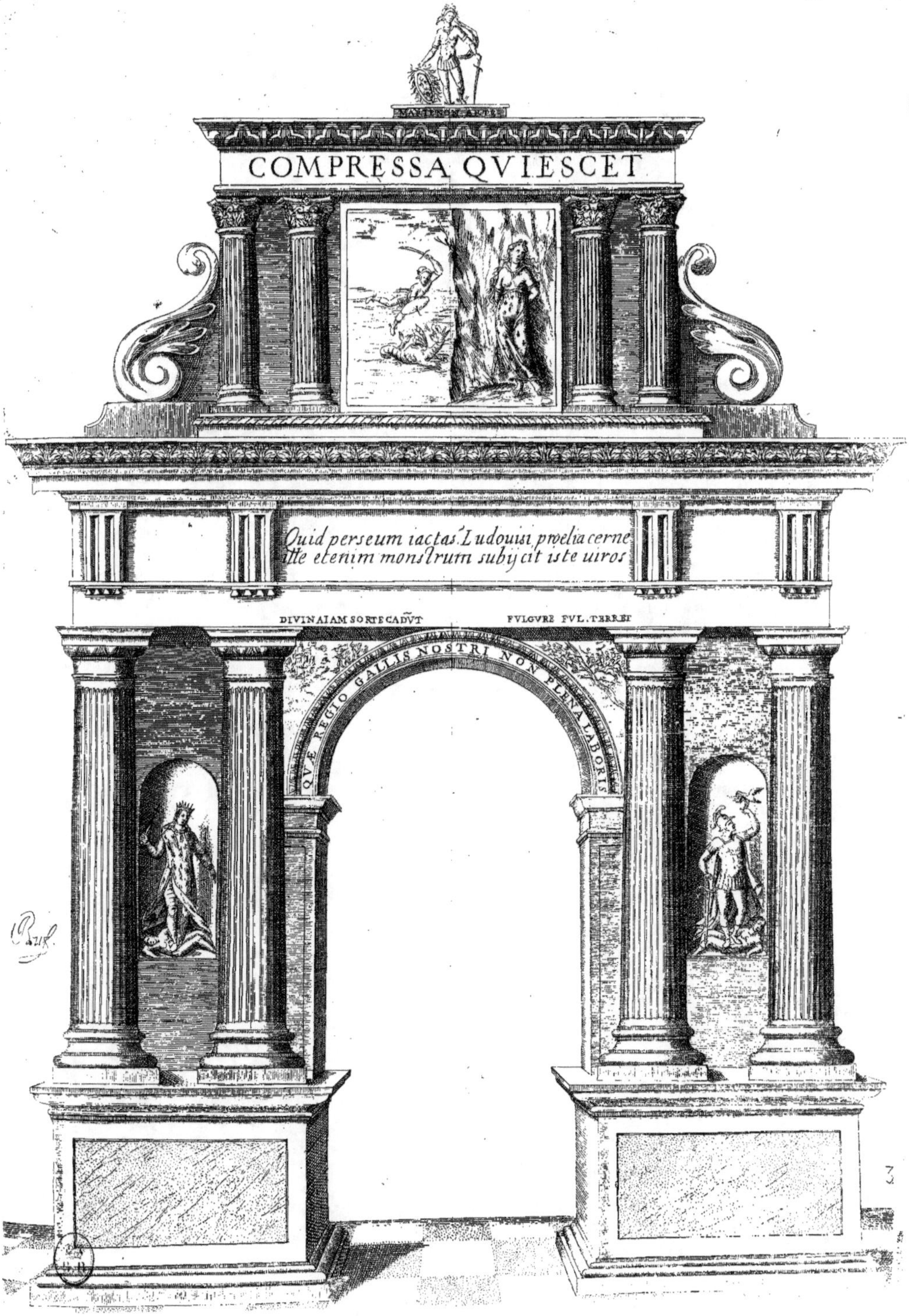
COMPRESSA QVIESCET
Quid perseum iactas. Ludouisi praelia cerne
ille etenim monstrum subijcit iste uiros
DIVINA IAM SORTE CADVNT
FVLGVRE FVL. TERRET
QVÆ REGIO GALLIS NOSTRI NON PLENA LABORIS

3

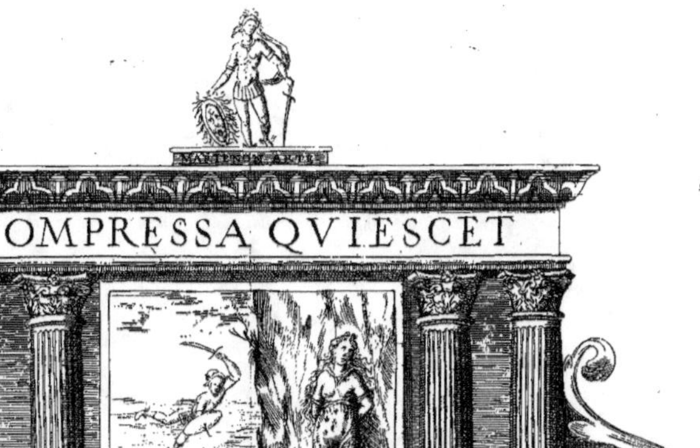

SECOND ARC TRIOMPHAL.

'Architecture du second Arç estoit dorique,à laquelle on donne la forme de geant, & parce que le combat du Roy y estoit desseigné, on y auoit obserué
l'ordre,& les mesures.

Voyez donc comme la mer est esmeuë auec ses
flots menaçans la terre,oyez ces grondements, & contemplez ces
montagnes d'eaux, que la rage & fureur de ce monstre a emmon-
celés, descouurez le glissant parmy ces tenebres orageuses : mais
n'oubliez pas de ietter vos yeux sur le gentil Persee, lequel plus
esleué par son courage que par ses aislerons, luy porte l'espée dans
les flancs.Celle qui est attachée à ce rocher toute esplorée,& comme suspendue entre la crainte & l'esperance,est Androméde pour
qui ce combat a esté entreprins.

Decouurons ce rapport. L'arrest donné en faueur des Ecclesia-
stiques du Bearn donna le passage aux premieres saillies de ceste
rebellion,qui a deshonoré nos jours en sa suitte; & les premiers es-
sais du Roy à rompre ces noires & secrettes intelligençes,parurent
lors que porté sur les aisles de la diligence , il arresta ces premiers
bouillons: mais la rebellion n'en demeura point en çes termes,ains
plus furieuse rompant la digue du respect , s'eslança comme vn
gros torrent à trauers la France, & arma les subjects contre son
Prince: le Roy print alors ouuertement les armes,& emporta pour
premier trophée de sa victoire S.Iean d'Angely, lequel en memoire de sa rebellion fut demantelé, priué de ses priuileges , & reduit
en bourg : pressa le reste auec tant de vistesse , qu'il despouilla cest
insigne sousleuement, dans moins de trois moys, des forces qui le
pouuoient rendre redoutable : luy enleua ses villes dans lesquelles
comme dans son fort il auoit desseigné ses deffences , & ses attaques: aussi le Roy estoit peint auec l'espée dans les flancs de la beste, pour asseurance de la victoire,& la France essuyoit les larmes
que l'incertitude de ce combat auoit tirées de ses yeux : l'ame de
ceste image estoit.

COMPRESSA, QVIESCET.

E

Les vers qui eſtoient dans la frize rehauſſoient le paralelle en faueur du Roy.

QVID PERSEVM IACTAS? LVDOVICI PRÆLIA CERNE:
ILLE ETENIM MONSTRVM SVBIICIT, ISTE VIROS.

Ces vers tançoient les Poëtes, qui ont dreſſé tant de trophées à l'honneur des combats de Perſee, qui n'auoit dompté qu'vn monſtre; que s'ils euſſent veu le Roy en la tendreſſe de ſes ans fouler ſes ennemis; ennemis, qui eſtoient hommes ; hommes, qui n'eſtoient point comme ceux que Caton auoit vaincus en Eſpagne ; mais hommes vaillans, courageux & François. Ils auroient ſans doute donné au Roy autant de loüanges veritables, qu'ils en auoient donné à Perſée de fabuleuſes.

Au coſté gauche, & entre les deux colomnes qui ſouſtenoient ce grand tableau, il y auoit vne niche auec la ſtatuë de Conſtance, foulant aux pieds Conſtantin rebelle à l'Empire,& au coſté droict le Roy qui tenoit à ſes pieds l'hereſie,& la rebellion attachées.

L'Empire Romain a eſté vne mer ſouuent battue par le vent des nations eſtrangeres. Honorius vit Alaric lequel par ſes bouffées deſſecha & abbatit les plus belles fleurs de l'Empire,& mit en deſolatiõ Rome,pour lors maiſtreſſe de l'vniuers. Conſtantin n'eſtoit que ſimple ſoldat dans la Bretagne, & n'auoit autre faueur que celle de ſon nom;cependant prenant l'occaſion au poil,il conquit la Gaule par l'armée Romaine qui y eſtoit,chaſſa Limenius & Cariolandus qui en eſtoient Lieutenans, & s'aduança iuſques aux Alpes,qui luy ſeruirent de barriere : eſtablit Arles la capitale dans les Gaules, comme autresfois Conſtantin le Grand, & fut cauſe qu'Auſone l'appella la Rome Gauloiſe; tira ſon fils du Monaſtere, le fit Cæſar,& luy donna l'Eſpagne pour premier exploit de ſes armes,laquelle il conquit aſſiſté des Vandales,qui ruynoient la France, print priſonniers Didymus & Verinianus parens de l'Empereur: & s'en reuint voir ſon pere en Arles, apres auoir laiſſé ſa lieutenance à Gerontius. Voylà vne rebellion grandement aſſiſtée de la fortune; mais Alaric eſtant mort,Honorius ſortit de Rauenne,& enuoya Conſtantius és Gaules contre Conſtantin, qui le contraignit pour ſauuer ſa vie,de ſe faire Preſtre dãs l'Egliſe d'Arles, premiere Chreſtienne des Gaules, & le peuple qui auoit ſerui l'Empire à ceſte cõtrainĉte,fut remis en grace. Conſtantin fut puis apres tué par les ſoldats,& Conſtant à Vienne; Gerontius aſſaſſiné dans

les

les Efpagnes : Iouinus, Sarus, & Maximus expiarent par leur fang
la faute qu'ils auoient commife en leu rebellion, & Conftance demeura victorieux.

La valeur de Conftance n'eftoit que l'ombre de celle du Roy; il
auoit vaincu en vn aagé aduancé, & le Roy en fa plus tendre ieu-
neffe ; fes ennemis eftoyent la plufpart prattiquez, refferrez dans
vne feule prouince, & affiegez dans vne ville : ceux du Roy eftoiét
vnis à l'affemblée de la Rochelle, efpars en diuers endroits de la
France, & affiegez en plufieurs villes : ceux de Conftance fe desfai-
foient eux mefmes, & ceux du Roy plus ils eftoient preffez ils e-
ftoient toufiours plus vnis : tant y a que le Roy auoit à combattre
les meilleurs foldats de l'Europe, & dans la Gaule qui ne peut eftre
conquife dans dix ans par Cæfar.   Arles feruit Conftance contre
Conftantin, & força ce rebelle à recognoiftre l'Empire ; auffi pour
chaffer la rebellion du bas Languedoc, Arles a contribué fes forces, fes moyens, & a nourry l'armée du Roy par fes munitions de
guerre, & de bouche, fi neceffaires à vn corps d'armée, qu'Abulites
en fut aigrement repris par Alexandre, pour auoir pluftoft fait a-
mas d'argent que de viures.

En la clef de la voute entre la grande frize, & les metopes, & tri-
glifes, il y auoit vne table d'attente auec cefte infcription.

*LVD. XIII. GAL. ET NAV. REGI, PERSEO FORTISSIMO. QVOD
VARIOS AB EORICI MAGNI APOTHEOSI MOTVS FORTITER OP-
PRESSERIT. ARELATEN VICINIS, ET EXTERIS FORMIDABILEM
REDDIDERIT. QVOD ANARCHIAE OSOR INDEFESSVS CONTRA
SPEM VI, ET FERRO MVNITISSIMAS VRBES SVBIECERIT, EASQVE
ITERVM REBELLANTES MAIORIBVS QVAM ANTEA ARMIS, ET
ANIMIS SVAS FECERIT. EORVM DVCES FATIGARIT, IN REACA
INSVLA PROFLIGARIT, ET SVBACTO MONTE PESSVLANO VNI-
VERSAM GALLIAM TYRANNIGA HAERETICORVM REBELLIVM
OPPRESSIONE, ARMIS FOELICIBVS, VICTRICIBVS, ET IN
POSTREMA SAECVLA ADMIRANDIS LIBERARIT.

HANC STATVAM ÆNEAM, VT CONSTANTIVM. MILI-
TVM POST MODVM OB RES MAGNAS IMPERII SOCIO,
ET IMP. SOCERO, QVI AREL. FLAV. CONST. BRIT. ALIIS-
QVE PERDVELLIBVS FID. ACRIT. ET FORT. ERIPVIT.
EX MANVBICIS AREL. COL. SEX. ET EIVS S. P. Q. A. D.*

Le rond de l'Arc portoit ceft eloge :

QVÆ REGIO GALLIS, NOSTRI NON PLENA LABORIS.

Lequel estoit fort à propos : car comme le Roy est vn Soleil, &
que le Soleil se pourmeine dãs sa ceinture, & fait le rond de la terre
à diuerses conditions, eschaufant les vns, refroidissant les autres,
portant à ceux-cy des biens inestimables par sa presence, & rui-
nant les autres par son absence, ou par les ocultes qualités de ses
rayons puissans : ainsi le Roy auoit fait le tour de son Royaume,
& auoit comblé de ruines ceux qui auoient refusé la douceur de
ses influences, & aporté mille biens à ceux qui auoient recogneu
les doux, & agreables rayons de son domaine ; & par ce que ceste
carriere ne peut estre acheuée sans peine : le Roy disoit qu'il n'y a-
uoit coin en France qui ne fust asseuré tesmoin de son trauail, &
de sa peine.

Les emblemes qui embelissoient les vuides de l'arc, , se rapor-
toient aux sieges que le Roy auoit faits, & au combat des Sables
d'Olone, pour le premier l'ame estoit,

DIVINA IAM SORTE CADVNT.

& l'image vne ville de qui les murailles estoien tabbattues par les
Anges.

Le pouuoir de faire choses merueilleuses n'est pas donné à toutes sortes de personnes. L'antiquité a veu la coste d'yuoire de Pe-
lops qui guerissoit les malades ; Pyrre dessechoit la ratte ; les Psyl-
les faisoient peur aux serpens ; les Tentyrites auec la voix chas-
soient les crocodiles ; & en Cypre la famille des Ophiogenes auoit
vne faculté particuliere contre le venin ; & aux derniers siecles les
premiers Princes de la maison d'Austriche, auec Edouard III. Roy
d'Angleterre, estoient vn remede infallible contre les escroüelles :
mais ces merueilles, ou elles estoient procurées par les mauuais es-
prits, comme les premieres : ou elles n'estoient que personnelles,
comme les secondes, quoy que Polyd. Virgil. en croye autrement.
Le pouuoir & la faculté hereditaire des merueilles n'appartient
qu'à la France : nos Roys l'ont conseruée, & l'ont consignée
de pere en fils. Que si la guerison des escroüelles, & le pouuoir
des miracles a esté donné à quelque Roy, ça esté particulierement
aux Roys de France. Clouys, ce qui sert à ma proposition, assie-
geoit Angolesme, & les murailles tomberêt d'elles mesmes : Charles le Grand poussoit les armes dans les Espagnes, & vouloit en-
trer dans Pampelune, qui luy ferma les portes : ces tours, & ces bou-
leuards

leuards menaçans, croulerent par terre. La rebellion a esleué des môtagnes de terre, & à guize de ses anciens geants à logé sa force dans la force de ses places:mais les Anges à la veuë de Loys XIII. ont aplany tout ce trauail, & ont rendu ayzé, & facile, ce que le monde croyoit impossible. Voila pourquoy les murailles que vous voyez abattuës en ce pourtrait, c'est par les mains des Anges. Car qui croiroit vne si grande quantité de places auoir esté emportées par les armes du Roy, si le Ciel n'auoit esté de la partie.

Le second embleme faisoit voir deux armees, l'vne s'enfuyant vers la mer, pour se ieter dansdes vaisseaux qui estoient à l'anchre, dont vne partie estoit renuersée par le fer : l'autre se couloit dans la mer, & presque tous estoient frapez de la foudre, qui escartoit vne nuée, & s'eslançoit brusquement contre ces fuyards. Le Roy estoit en teste de lautre armée, prenant le foudre de la main d'vn Ange,le mot.

FVLGVRE, FVLMINE, TERRET.

Le Sieur de Soubize conduisoit ceste armée, animée de l'esprit de la Rebellion, & comme vn autre Eugenius vit le Ciel armé contre luy, & eut les elemens pour aduersaires, qui detesterēt son audace : au contraire le Roy eut la terre pour lict, les soldats pour rideau,& le ciel pour pauillon & couuerture: & comme Theodose merita ce beau eloge de Claudian.

OMNIVM DILECTE DEO, TIBI MILITAT ÆTHER,
ET CONIVRATI VENIVNT IN CLASSICA VENTI.

La terreur panique saisit l'armée ennemie, laquelle quoy que esgale en force ; inesgale neantmoins en la iustice, fut combattue par les elemens: les armes luy tomberent des mains,& fut aussi tost vaincue qu'attaquée, abbattue que combattue: tant le ciel fait cas de ceux qui combattent soubs son adueu, & viuent soubs les loix de sa protection.

Au feste & couronnement de larc il y auoit vn Mars,qui fouloit aux pieds la teste de la Gorgone, & les armes desquelles Persee s'estoit serui à la ruïne du monstre, & tenoit en main vne espée royale, portant sa pointe en bas,& en sa baze on y lisoit ce mot,

MARTE NON ARTE.

Ce mot releuoit toutes les actions du Roy par dessus celles de Persee: car si Persee auoit vaincu ce monstre,Minerue auoit esté sa

conſeillere, la teſte de Gorgone luy auoit ſerui de bouclier: & pour
empeſcher qu'il ne fut offencé, Iupiter luy auoit donné vne chauſ-
ſeure aiſlée, par le moyen de laquelle il s'eſleuoit en l'air. Le Roy
n'auoit eu qu'vn pieux mouuement pour deſgager la Frãce, & l'E-
gliſe d'vne tyrannie, que l'hereſie y auoit introduitte : autres armes
que celles de ſon courage : & neantmoins en veritable Mars, il s'e-
ſtoit deſueloppé par le plus memorable effort qu'on ſçauroit ima-
giner, d'vne rebellion ſi inſigne, & ſi extraordinaire.

                                                    TROI-

MVTAT VT SERVET
In lapides, homines mutauerat ore Medusæ
Perseus; isque ferox omnibus vnus erat.
Construis, ut seruis homines theodorice, muros.
Moenibus et templis, tu Ludouice, viros.
ÆTERNAM CONSTRVIT VRBEM   ATQVE MVNVS HABENS
NON TVA VVLT PRINCEPS SED TE SPERNIQVE TRIBVTVM

4

TROISIESME ARC
TRIOMPHAL.

C EST Arc estoit à la Gothique: car il estoit dressé sur
la liberalité des Goths, anciens Princes d'Arles.

Persee estoit encor dans le sang de ce monstre, de-
mandant le prix de sa victoire: quand Phinee desesperé qu'vn estranger eut la recompence qui luy sembloit asseurée, attaqua auec tous ses adheràs ce vainqueur, & trou-
bla vne feste qu'on solemnizoit auec tant de pompe: neantmoins
Persee tourna sa Meduse contre les yeux de Phinee & de ses com-
plices, & les endurcit en façon qu'ils deuindrent pierres tres-dures.

Le parallele est en façon d'Antitese, & monstre que si Persee
pour son interest particulier, & pour faire voir le dernier trait de
sa vengeance, a vzé de son pouuoir au change des hommes en
pierres. Theodoric ancien Prince d'Arles pour marque de sa liberalité, a metamorphozé les pierres en hommes: & le Roy, qui est
l'obiect de ce triomphe, tout autre que Persee, & qui deuance en
toute sorte Theodoric ; a eschangé les Eglises & les murailles en
hommes: car donnàt à la ville dequoy bastir ses Eglises, & ses murailles, il a donné le cœur & le mouuement à son peuple de, les
conseruer, & les desfendre d'ailleurs par l'excez de ses bienfaits les
ayant obligez à son amour; n'a-il pas fait des Eglises, & des murailles vn temple à son cœur? & vn rempar à son seruice? puis que
les vrais temples, & les veritables murailles des villes sont les hommes: le mot estoit,

MVTAT VT SERVET.

Mais pour mieux descouurir le rapport de ceste antithese, des-
couurons l'histoire.

Les Goths sortis de l'Isle Scantzie , peuple si fecond qu'on la
nomme la gaine de toutes nations , habitoient la pluspart au long
de la mer Pontique, & ciuilizez par Diceneus se diuiserét en deux
familles, Balthes, & Amales : ceux là cognus soubs le nom de Ve-

F 2

segothi, & ceux cy d'Oftrogothi. Ils eurent diuerfes guerres à def-
mefler auec l'Empire Romain, tant en Orient qu'en Occident,
iufques à la mort d'Athanaric qui deceda en Conftantinople:car
lors fe voyans fans Roy, ils fe ioignirent à l'armée Romaine,& ne
firent qu'vn corps d'armée foubs l'Empire; feruirent grandement
Theodofe pour ruïner Eugenius, qui auoit occis Gratian dans les
Gaules. Theodofe mort, fes enfans mefpriferent les Goths;ce mef-
pris leur donna le courage d'eflire Alaric leur Roy de la race des
Balthes, leque demanda incontinent à Honorius, ou l'Italie pour
demeure, ou le combat : Honorius ne voulut accepter aucun des
deux partis;mais il luy donna les Gaules,& les Efpagnes defia pof-
fedées par les Vandales. Alaric receut l'offre,& s'en venant és Gaules fut furprins par Stilicho, cefte furprinfe l'eftonna tout à coup:
mais ayant r'appellé fon courage, desfit Stilicho; rauagea l'Italie à
fon aife,entra dans Rome capitale de l'Empire, & eut en pleine liberté les defpouilles de l'vniuers,acquifes par tant de fiecles,& par
tant de braues Empereurs : reuenant toutesfois és Gaules mourut
en chemin,& laiffa la poffeffion de fes victoires à Ataulphe,lequel
par le moyen de Placidie qu'il emmenoit captiue, fit paix auec
Honorius;chaffa les Vandales de la Gaule, & côquit les Efpagnes.
Rigericus,Vvaliâ, Theodoric qui mourut en la plaine de Chalon
contre Attila, & Torifmond fucceffiuement eurent le fceptre des
Vifegoths, iufques à Euric, lequel apres trois ou quatre fecouffes
emporta Arles,& le laiffa hereditaire à fa maifon, iufques à Alaric
qui mourut par la main de Clouis Roy de France,à la bataille donnée en vn lieu nommé auiourd'huy Ciuaux, prés de Poictiers: car
lors Theodoric de la race des Amales, lequel auec diuers fuccés
s'eftoit par fa propre vertu fait Roy d'Italie : fes deuanciers ayans
vefcu confederez, & comme incorporez,& membres dependans
de l'Empire; fçachant comme Clouis dreffoit vne puiffante armée
contre Alaric ; paffa les Alpes pour le venir fecourir, & receut
dans Arles la nouuelle de fa defroute : mais la crainte qu'il eut
que Clouis ne pouffat outre fes armes victorieufes,fut caufe qu'il
laiffa fes armées foubs la côduite de Gemellus dans Arles, lequel il
retint puis apres par bienfeance, & partagea auec les fucceffeurs
d'Alaric : en forte que ce qui eftoit depuis la riuiere du rhofne iufques aux Pirenées appartiédroit aux Vifegoths,&defpuis le rhofne aux alpes,aux Oftrogoths.Mais deuât ce partage,les Frâcs ioins
auec les Bourguignons affiegerent Gemellus, Tolumnus, & les
autres

Arles assie-
gé par les
François
& Bour-
guignons,
l'an 1508.

autres chefs des Oftrogoths dans Arles, lefquéls tant par leur courage que par la force de la ville, repoufferent les François, & les
contraignirent apres vn fiege prefque de deux années, de s'en aller
fans aduantage. Theodoric fachant cefte nouuelle, & affeuré de la
fidelité des habitans à fon feruice, efcriuit à Gemellus, qu'il vouloit que les habitás d'Arles fuffent francs, & libres des impofitions;
par ce dit-il qu'il eft iniufte de demáder de l'argent à ceux qui nous
ont fait voir la gloire de leur fidelité en la longueur, & rigueur
d'vn fiege. Il vouloit encor qu'on leur donnaft des bleds en abondance, par ce qu'il ne faut fouffrir, que ceux qui ont preferé la faim
au bien eftre pour noftre feruice, maintenant qu'ils ont acquis la
gloire de la liberté par leur armes, foient en fouffrance. En fomme
il conclud en vn autre lieu, que puis que la fortune des villes, eft
non feulement releuée par les habitans : mais encor par la beauté,
& fuperbe des édifices publics, il veut qu'il foit diftribué de l'argét
pour releuer les tours, & baftir les murailles, que la vieilleffe, où
la violence des armes ont abatuës.

Theodoric donc deuance en beaucoup de chofes Perfée : car
Perfée n'a eu autre but que fon particulier, & la vengeance, qui
eft le dernier plaifir du genre-humain, a efté le motif de fon actió:
la cruauté a eu part en fa victoire, & la crainte de voir reuiure vn
ennemy, le porte à leur rauir non feulement la vie: mais les endur-
cir en pierres. Si bien que la gloire qu'il croyoit acquerir, a efté
chargée en vne honte, & reproche. Que fi Theodoric a eflargi fes
bien-faits à l'endroit d'vne ville, qui s'eftoit portée à l'extremité de
la fouffrance pour fon feruice; ce n'a point efté pour contenter fa
gloire, & iouïr tout feul de l'aize de la victoire : mais il a voulu que
tout le peuple partageat le contentement qu'il en receuoit. L'a-
mour la pouffé & conduit: auffi fa gloire par le moyen des édifices, & baftimens qu'il a entreprins, a eu cela de particulier, qu'elle
eft encores en la memoire des hommes. Mais que dirons nous du
Roy? finon que fi Perfée eft le rayon, Theodoric la lueur; le Roy
eft leur foleil : car Arles n'a point fouffert de fieges, neantmoins
preffé d'vne affection Royale, le Roy à contribué fes deniers à la
reparation des murailles de la ville; & non feulement des murailles : mais encor des Eglifes, & autres baftimens publics, a conferué
les habitans en leur franchife, & plus illuftre en fon Antithefe. Si
Perfée a changé les hommes en pierres; le Roy a changé les pierres
en hommes : car la ceinture des murailles, n'eft point la principale

force des villes, mais les hommes. Ischolaus assiegé dans Drye par Chabrias les abbatit, & ruïna, pour monstrer aux assiegeans que les murailles n'estoient point sa deffence principale, mais ses soldats. Censorinus conseilla aux Carthaginois de desmolir leur ville pour la changer ailleurs, & que pas moins elle demeureroit en estat, les pierres ne faisant point les villes, ains les hommes. Les Spartiates vesquirent 500. ans sans murailles. Le Roy donc ayant fait bastir nos murailles, & la principale force d'icelles estant aux hommes forts & courageux: n'est-ce pas auoir changé les pierrres en hommes, & pouuoir dire comme Cepheux fils de Minerue,& Roy des Arcadiens : que comme celuy là rendit Tegee imprenable,par le poil de Meduse : celuy-cy par sa liberalité a rendu Arles la plus forte ville de la Gaule, & la plus asseurée à son seruice. Reste le dernier motif de Theodoric,la liberalité duquel n'a esté sans dessein : car c'estoit pour s'asseurer vne ville nouuellement conquise: bien esloignée,à la verité des pensées du Roy,le biéfaict duquel est sans exemple,sans dessein, & d'vn cœur entieremét royal. Les vers escrits dans la grande frize rapportoient la fable , l'histoire,& le paralelle en ces mots:

IN LAPIDES, HOMINES MVTAVERAT ORE MEDVSAE
PERSEVS; ISQVE FEROX OMNIBVS VNVS ERAT.
CONSTRVIS, VT SERVES HOMINES THEODORICE, MVROS.
MOENIBVS, ET TEMPLIS, TV LVDOVICE, VIROS.

Et pour rendre le tout plus intelligible , il y auoit les deux statues, celle de Theodoric auec vn esquierre en la main , pour tesmoigner combien ce Prince auoit eu de desir & d'affection aux edifices publics. Celle du Roy auoit à ses pieds la ville d'Arles, & en main vn temple: parce que l'on peut dire de luy, ce que l'on diroit des fondateurs; ayant redressé nos murailles,destiné des places publiques dans la ville,basti des Eglises,& affranchy les habitans. Aussi il y auoit entre la bande & la clef de la voute, vne table d'attente suspendue à l'honneur de Theodoric,& à la gloire du Roy.

THEODORICVS OSTROGOTHICVS ROMANORVM REX. ARELATENSIBVS NEC VI, NEC FAME CAPTIS. EXTREMA OMNIA CONTRA FRANCOS, ET BVRGVNDIONES PERPESSIS. ANNONAM EX ITALIA DEDVCENDAM CVRAVIT. TRIBVTA IN QVARTAM INDICTIONEM REMISIT. PECVNIAM VT TVRRES REFICERENTVR CONLOCAVIT. TANDEM DE ARELATENSI COLONIA BENEMERITVS THEODORICIANAM VOLVERE P. C.

SED

SED IAM OB TRIBVTVM A LVD. XIII. GAL. ET NAV.
REGE IN ÆTERNVM REMISSVM. DESIGNATIS TEMPLIS
ET MOENIBVS REÆDIFICATIS. NON THEODORICIANAM,
SED LVDOVICAM APPELLARI EODEM SEN. CONS. A.
P. C. CAVTVM EST. VT TAM IVSTO ÆRI, IVSTO PRIN-
CIPI, IVSTA MERCES, IVSTE CONCEDATVR.

L'Eloge & rond de l'arc estoit ce vers,

NON TVA VVLT PRINCEPS, SED TE SPERNITQVE TRIBVTVM.

Aux coings il y auoit deux emblemes, ayant leur rapport à la
construction de l'arc, dont le premier estoit vn Amphion auec sa
lyre en main, bastissant par la douceur harmonieuse de son instru-
ment, les murailles de Thebes: & ce mot,

ÆTERNAM CONSTRVIT VRBEM.

Si bien Homere dans sa poësie n'asseure point qu'Amphion ait
esté si excellent musicien, qu'il aye edifié au son de sa lyre les murailles de Thebes; neantmoins Horace en fait mention: & quoy
que soit, la Grece a eu des inuentions autant, voire plus fabuleu-
ses. Ces murailles neantmoins quoy que basties auec tant d'harmo-
nieux accords, ont passé, & le temps qui emmeine tout auec soy,
nous en a comme fait perdre le souuenir. Le Roy est vn autre Amphion, lequel auec les doux accords de son amour, & de sa liberalité a basti nos murailles, lesquelles ne cederont point au temps: car
encor que la viellesse & la durée du temps les rende tributaires de
son pouuoir; qu'vne guerre outrageuse les ruïne & les abbatte, &
que les efforts continuels de la riuiere les esbranle, & les renuerse,
elles seront neantmoins entieres dans le cœur des habitãs, l'amour
les ayant basties: l'amour les conseruera, & l'amour du Prince, reci-
proqué par l'amour du peuple, les rendront eternelles.

L'autre embleme desseignoit vn pré, dans lequel il y auoit plusieurs cheuaux à l'abandon sans frein: le mot,

A IOVE MVNVS HABENT.

Les Empereurs auoient establi vne forme de tribut sur le peuple, qui leur estoit grandement à charge: car ils estoient obligez
d'entretenir vne certaine quantité de cheuaux publics, pour le
trãsport des Magistrats d'vn lieu à autre, auec leurs meubles: lequel
tribut fut cassé par l'Empereur Nerua, & pour memoire fit battre

de la monnoye, dans laquelle il y auoit des cheuaux paiſſans à l'a-
bandon dans vn pré, auec ce mot, *vehiculatione Italia remiſſa* : & ce
qui l'auoit porté à ce deſſein, c'eſtoit que Rome eſtoit figurée par le
cheual, ainſi que l'on peut remarquer en pluſieurs medailles anciennes, dans leſquelles on voit ou bien vne teſte de cheual, ou bien
pluſieurs, auec ce mot, *Roma* : ceſt embleme auoit ſon rapport à
tout le deſſein de l'arc: car ſi Nerua auoit fait battre de la monnoye
pour auoir deſchargé le peuple d'Italie de ce charroy, & voiture
publique. Le Roy le pouuoit faire auec plus de raiſon, pour auoir
laiſſé les habitans d'Arles francs, & deſchargez de toutes ſortes
d'impoſitions;& la figure du cheual eſt auſſi bien deuë à Arles,qu'à
Rome : puis que Rome n'eſt que la Rome d'Italie, & Arles eſt la
Rome des Gaules,au rapport d'Auſone. Voylà pourquoy les cheuaux eſtoient dans ceſte image paiſſans en liberté, en teſmoignage
de noſtre franchiſe.

QVA-

Nunquam talibus armis ante
Quos helicon vidit, vel quos germanus honores
Ludorum has Arelas, nunc Ludouice videt.
VELLERA SORTIS HABET.
HÆC PLVSQVAM SOMNIA GALLIS.
PRISCA REDVGVNTVR LVDOVICO PRINCIPE SÆCLA

QVATRIESME ARC
TRIOMPHAL.

C EST Arc icy estoit à la Corinthienne. Les francs successeurs des Goths en la principauté d'Arles, en donnerent des addresses par leurs ieux publics.

    Tant de trauaux que Persee auoit soufferts deuoiét
vn iour finir, & le repos couronner ses combats : mais en quel lieu?
sinon au lieu que Pegase auoit choisi pour faire iallir la source heu-
reuse, de laquelle les Muses vouloient estre abbreuuées, & en la
montagne d'Helicon : aussi fut ce le lieu consacré par les gouttes
victorieuses d'vne sueur encor sanglante. Les ieux mysterieux y
furent ordonnez, & Persee prononça la loy de sa bouche mesme;
que pour recognoissance de ses labeurs, à pareil iour, & au mesme
lieu tous les ans, on y prattiqueroit de ieux de prix ; ce qui fut si a-
greable aux Muses, qu'elles commanderent aux Poëtes d'eterniser
la memoire de Persee.

    Le paralelle : la rebellion n'auoit plus de force, les sieges auoient
ennuyé les peuples, les soldats estoient mattez par la souffrance, &
les continuels combats en auoient tiré si grande quantité de sang,
que leurs veines en estoient entierement espuisées. Le Roy victorieux ne trouuoit plus rien à combattre : toutes les villes du bas
Languedoc auoient esté puissamment abbattues : Montpelier e-
stoit à genoux, demandoit le pardon & la vie ; Nismes suiuoit cest
exemple. Et apres vne si fascheuse guerre, la paix estoit necessaire:
le Roy dans le sein du repos, deuoit cueillir la recompence de ses
labeurs : le lieu ne pouuoit & ne deuoit estre autre sinon dans Arles, qui est cest Helicon, dans lequel le Roy a fait surgir ceste belle
& profitable fontaine de ses liberalitez royales, comme nous auôs
desia remarqué en la fabrique de nos temples, au dessein de nos
places publiques, & en la construction de nos murailles : nos lan-
gues au lieu des Muses en deuoient estre les trompettes, pour faire
sçauoir aux quatre coins du monde, qu'il n'y a subiection plus glo-
rieuse que celle des François à l'endroit de leurs Princes. L'institu-

H

40

tion des ieux dependoit du triomphe du Roy, & ce triomphe auoit
son rapport aux ieux Circenses, establis par les anciens Gaulois dás
Arles ; lors que par ceste ioye publique , ils voulurent tesmoigner
combien ils receuoient de contentement au don de ceste ville , laquelle leur fut conferée par l'Empereur Iustinian, & par les Goths,
en voicy l'histoire.

Ce grand Theodoric entré en la possession de la ville d'Arles,
Athalaric Prince d'Arles l'an 527. eut pour successeur Athalaric fils d'Amalasuenta sa fille : mais ce
fut vne fleur flestrie & dessechée par les traits de la mort, deuant
que les peuples peussent tirer quelque profit de son odeur. A mala-
suenta outrée de douleur par ceste mort, & craignant d'estre mes-
Theodat l'an 534. prisée en son regne , donna le sceptre à Theodat nepueu du grand
Theodoric, & receut l'exil en l'isle du lac Vulsin, & quant & quant
la mort par le commandement de ce Prince ingrat. Iustinian aduerti de ces menées , donna l'ordre & le commandement à Belli-
saire pour chasser de l'Italie vn Prince noircy d'vne si sale & hon-
teuse ingratitude. Theodat en reçoit les aduis, & l'apprehension
des armes si iustes , & d'vn si puissant ennemy luy fit rechercher
l'amitié des François, laquelle il ne peut meriter que par le delais-
sement de ce qu'il possedoit dans la Gaule , & par la contribution
de vingt mille escus : accord neantmoins qui ne fut point executé
pendant son regne : car les Goths ennuyez de la lascheté & ingra-
Vvitiges l'an 537. titude de ce Prince le tuerent, & esleurent en sa place Vvitiges, lequel heritier de ses desseins, aussi bié que de son sceptre, ratifia l'accord fait auec son predecesseur , & fit compter l'argent aux François: si bien qu'Arles & le reste de la Prouence demeura abandon-
né des Goths, conduits par Martius leur Capitaine: & Childebert,
Theodebert, & Clotaire partagerent en portions esgales ce que les
Childebert Roy de Frá-ce donatai-re de la vil-le l'an 538 Goths leur auoient laissé. Arles escheut à Childebert, & l'Empereur Iustinian aduerti de ce que les Goths auoient fait en Gaule, ne
voulut point que les François leur en eussent quelque forme d'o-
bligation : si bien qu'il en fit dresser des lettres en forme de don,
comme membres dependans de l'Empire, ainsi que Zonare & Pro-
copius l'ont remarqué. Don qui fut si agreable aux François, que
pour en conseruer la memoire, ils firent battre de la monnoye d'or
au coin des Rois Francs, & de celuy de la Ville, qui estoit vn Genie:
& parce que les Goths estoient en coustume sur la fin de Decem-
bre, faire assembler tous les cheuaux de la Prouince, pour les spe-
ctacles publics, & immoler celuy qui estoit le plus viste à la course,

ils

ils continuerent ces mesmes ieux, & establirent en Arles vne forme de Circenses, dont les vestiges & traces nous sont demeurées aux courses annuelles, qui se prattiquent au moys de May. Ce n'estoit pas vne petite gloire de vaincre en ces exercices, parmy les anciens: l'introduction premiere s'en fit aux ieux Olympiques, par Dagondas Thebain: Hermogenes Xantius en rapporta le surnom de cheual, pour auoir gagné huict fois la couronne d'oliuier aux mesmes ieux. Iasius Thegeates obtint la faueur de son statue en Thegee; voire mesme là superstition s'estoit si aduantageusement glissée parmy eux, que la iument de Phidolas Corinthien eut l'honneur de la statuë, pour auoir continué sa course, encor que son maistre fut tombé par terre. Tant y a que les François par des ieux si solemnels, tesmoignerent à l'Empire combien ils prisoient la faueur qu'ils en receuoient, par vn don si gracieux.

L'ame de tout ce tableau estoit,

NVNQVAM TALIBUS ARMIS ANTE.

Car les François qui n'auoient accoustumé d'vnir les Prouinces à leur domaine que par la force, & le sang, & contre le gré de ceux qu'ils mettoient en seruitude; eurent celle-cy par la pure & entiere volonté des Goths, de l'Empire, & des Peuples.

Les vers qui estoient dans la grande frize, exprimoient la magnificence de Persee, la gloire des vieux François, & le contentemét du peuple d'Arles en la recepció de leur Prince, en ceste façon.

QVOS HELICON VIDIT, VEL QVOS GERMANVS HONORES
LVDORVM HOS ARELAS, NVNC LVDOVICE VIDET.

L'innocence & la beauté de ces premiers siecles, que nous n'auons iamais cogneuë, paroissoit en l'eloge, par ce vers qui remplissoit le cerceau de l'arcade.

PRISCA REDVCVNTVR LVDOVICO PRINCIPE, SÆCLA.

Les emblemes qui estoient aux coins, & entre-deux de la voute, & des colomnes, auoient leurs rapports à la felicité. Le premier auoit pour corps vn mouton blanc, moucheté de peloton d'or, portant la pourpre sur le front, & pour ame,

VELLERA SORTIS HABET.

L'histoire dit que le songe d'vn mouton moucheté en ceste façon est vn presage heureux, & qui trace le chemin à l'Empire vni-

uerſel. Quand Antoninus Geta naſquit à Milan, il y eut vn vila-
geois appellé Antonin, qui eut vn agneau marqué de pourpre: les
deuins preſagerent incontinent l'Empire à Geta : Antonin l'occit
de peur que Seuere en fut informé ; mais il fut cauſe de deux pre-
dictions: car Geta eut l'Empire marqué par la pourpre, & fut occis
par Baſſianus ſon frere, comme l'agneau. Ie ſcay que S. Ambroiſe ſe
moque de ce que les deuins preſagerent l'Empire à Diadumenus,
parce que ſon pere auoit eu douze moutons pourprez, entre leſquels il y en auoit vn parſemé de taches d'or: mais pas moins Diadumenus fut Empereur. C'eſtoit vne marque infallible parmy les
Etruriens de la felicité, & de la principauté, qu'vn mouton qui portoit la toiſon parſemée de ces marques d'or, Atreus & Thieſtes freres entrerent en diuiſion ſur vn pareil rencontre: & pour faire voir
la felicité ſouueraine du Roy, l'on auoit deſſeigné pour corps &
pour ame de ceſt embleme la toiſon, marquée & animée comme
deſſus.

Le ſecond embleme repreſentoit Aſtyages dormant, lequel en
ſonge voyoit ſortir de ſa fille Mandane vn cep de vigne, qui auec
ſa pampre couuroit toute l'Aſie ; ce qui ſucceda ſi heureuſement à
Cyrus ſon nepueu, que depuis il acquit, & ſubiuga par armes toute
l'Aſie. Or icy l'Aſie eſtoit changée en vn globe, pour dire que le
Roy veritablement & en effect ſe rendroit maiſtre de l'vniuers : &
ſur les arrhes que la France en poſſede deſia, on auoit donné vn
mot à ceſt embleme par deſſus celuy d'Aſtyages en ceſte façon.

HÆC PLVSQVAM SOMNIA, GALLIS.

LA

Bosoni comiti, sacri palatij archiministro, ermyngardis raptori, Regi
Arelatensium proclamato Caroli calui pene socio, principum sui æui
sagacissimo hæc statua ex P. C. voto decernebatur sed augustori sorte
Eudouico Gal. et Nau. Regi, heroi fortissimo fortunatissimo foelicissimo, salutis publicæ assertori regulorum extinctori gall-
icanarum seditionum depulsori, et Regiæ libertatis vindici
inuictissimo, S. P. Q. A. numcupauit

ESTE ſtatue eſt de Boſo fils de Buuin Conte d’Ar-
denne, Prince ſi heureux qu’il fut eſleué à la royauté
par les ſeules affections de Charles le Chauue Roy
de Frāce, & Empereur. Ce fut la premiere fois qu’Arles ſe vit deſmembré de la France, & les Bourguignons eurent le contentement de recognoiſtre en ceſte nouuelle
royauté, les anciennes deſpouilles de leur pere. Ie ne debats point
maintenant ſi Charles le Chauue en qualité d’Empereur a peu ar-
racher de la couronne vne piece ſi importante, puis que la couronne de nos Rois eſt cloſe & fermée, & ne releue que de Dieu, & de
leur eſpée : ou bien ſi le tiltre de Roy de France luy a permis vne
alienation ſi extraordinaire : cela ſe verra vn iour dans l’hiſtoire
d’Arles : mais tant y a que les pieces de la couronne ſont inaliena-
bles; & certes Loys & Carlomans freres, teſmoignerent bien que
Charles ne pouuoit, & ne deuoit faire vne donation à leur deſad-
uantage: puis que à main armée ils deſpouillerent Boſo de la plus
grande partie de ſes pretétions. Le ſerment ſolemnel que les Frā-
çois firent de le pourſuiure, & leur poſterité, monſtre bien le deſ-
plaiſir que receut la France au deplacement d’vne ſi belle prouince. Les hiſtoriens en ont blaſmé la vanité de Charles, lequel imitant les anciens Romains, vouloit auoir des Rois vaſſaux, & hom-
magers de ſa couronne. Et Arles meſme peut mieux que nul autre rendre raiſon de ceſte action : car depuis ce changement il a
flotté comme vn vaiſſeau mal fretté parmy les eſcueils & vagues,
que la pretenſion de pluſieurs Princes ont excitées; & n’a peu receuoir aucun repos, ſinon lors qu’il a eſté replāté dans ce beau par-
terre des fleurs de lys de France ; pour lors il a eſté à l’anchre, & à
l’abry des vents & des tempeſtes guerrieres, qui ne procurent que
changemens.

Ceſte royauté fut fatale, & comme l’or de Thoulouze, & le cheual Seïan n’apporterent que maux à leurs maiſtres : ainſi elle ne
procura que malheurs & changemens à ceux qui en ornerét leurs
teſtes. Boſo la laiſſa à ſon fils, lequel embrouillé aux guerres d’Italie, & depuis aueuglé par Beranger, fut contraint la ceder à Hugues
fils de Berthe, fille de Lotaire Roy de Lorraine & de la Bourgon-

I

gne Trãsiurane. Hugues eut ce malheur, que la possession d'vn si beau domaine fut arrestée en son fils, empoisonné en Italie par Beranger Marquis d'Yurée: & Arles passa dans la maison de Conrad, lequel par vn malheur hereditaire ne le laissa qu'au quatriesme heritier de sa famille, qui par lascheté ou par les sousleuemens de ses subiects, fut forcé de transporter son sceptre & sa couronne à l'Empire. Les Empereurs n'en eurent que le tiltre, & non la possession. Arles quoy que impuissant à debattre le droit de tant d'vsurpateurs, demeura neantmoins comme suspendu entre les tiltres imaginaires des Empereurs, & de leur possession, iusques à Charles d'Anjou, qui par des conuentions stipulées de part & d'autre, donna quelque sorte d'esperáce, & fit paroistre le feu sainct Eline, que tant de tempestes & changemens auroient quelque issue agreable: mais Arles aspiroit tousiours à la fleur de lys, la couleur & l'odeur des autres fleurs luy estoit funeste. Ce desir rencontra son effect en Loys XI. Roy de France, par le testament de Charles Conte du Mans, heritier de René son frere; & Arles r'entra dans ses premieres felicitez.

Voyez donc Boso habillé veritablement à la mode de nos Roys, mais la couleur bien autre : car elle ressemble à la feuille de l'arbre, lors qu'elle veut choir en terre pasle, & blanchissante : il y a vne espine qui l'acroche, & luy deschire sa robe; ceste couleur est l'indice du subit changement d'vne vsurpation faite mal à propos, & ceste ronce marque le repentir d'vne iniuste possession. Il tient à vn ruban attaché, vn lyon, & aduance la main droite presentát vne couronne : il n'y a point d'animal moins ingrat que le lyon. Androdius qui en l'Amphitheatre fut flatté & caressé par celuy qui le deuoit deuorer, nous en diroit de nouuelles asseurées: & çe lyon icy tesmoigne que la ville d'Arles, qui porte d'argent chargé d'vn lyon d'or, se ressouuiendroit des anciennes caresses receuës par les premiers Francs, & qu'elle passeroit aisement à vne domination tant agreable, & necessaire: veu mesmement que Boso contraint par le regret de ses iniustes desseings, offroit & presentoit sa couronne au Roy.

En la base on lisoit ceste inscription:

BOSONI

BOSONI COMITI, SACRI PALATII ARCHIMINISTRO, ERMINGARDIS RAPTORI, REGI ARELATENSIVM PROCLAMATO, CAROLI CALVI PENE SOCIO, PRINCIPVM SVI AEVI SAGACISSIMO HAEC STATVA EX P. C. VOTO DECERNEBATVR. SED AVGVSTIORI SORTE LVDOVICO GAL. ET NAV. REGI, HEROI FORTISSIMO, FORTVNATISSIMO, FOELICISSIMO, SALVTIS PVBLICAE ASSERTORI, REGVLORVM EXTINCTORI, GALLICANARVM SEDITIONVM DEPVLSORI, ET REGIAE LIBERTATIS VINDICI INVICTISSIMO, S. P. Q. A. NVMCVPAVIT.

Au costé gauche il y auoit vn embleme, ayant pour corps vn lys flestri, de la tige duquel en sortoit vn en sa plus haute couleur, & pour ame ce mot,

NOVO FOELICIOR ORTV.

qui n'estoit autre que l'image de la royauté de Boso, laquelle ressembloit au lys, qui pour estre tiré de sa terre naturelle auoit perdu son lustre, & rendu à son sol originaire reprenant sa premiere vigueur, se coloroit d'vne viue & esclattante couleur.

Le second qui paroissoit à costé droit, estoit vne parelie suiuant son soleil, auec ce mot,

SOLEM SOLA SEQVOR.

La parelie est vne nuée retressie, & ramassée en sa partie plus esloignée du soleil: mais en celle qui en est plus voisine, diaphane & transparente, & receuant facilement à guise de miroir l'image & la ressemblance du corps qui luy est opposé; aussi elle a tousiours le portrait du soleil, & ne s'en esloigne iamais, ains le suit pas à pas comme amoureuse d'vne lueur si esclattante.

Vray tableau de la ville d'Arles, laquelle a tousiours eu pour obiect les Roys de France, comme les vrays soleils de l'Europe, & n'a iamais souffert l'eclypse d'vne lumiere si aimable, que par l'vsurpation de Boso: ains tousiours attachée à leur orient & à leur occident, comme la parelie, a perseueré colée inseparablement à la fortune de leur couronne.

LA Maiſon Commune dans le plan de la Cour, qui eſtoit à la rencontre du Roy apres la ſtatuë de Boſo, eſtoit enri-chie de feſtons auec les armes de ſa Majeſté, & au mitan ce Trophée eſcrit en or ſur l'azur, auec le portrait du Roy.

TROPHÆVM.

LVD. BORBON. ERRICI MAGNI FILIO SEMPER
AVGVSTO, ET INCLYTO. S. P. Q.
QVOD ÈIVS ARMIS, VIRTVTEQVE
SVGGERENTE DIVINITATE.
ANIMI MAGNITVDINE.
SVPERBÆ REBELLIVM REGNI CERVICES
DOMITÆ OPPRESSÆQVE.

QVOD CIRCVMMVRANA PERLATA CERTAMINA,
ET INTESTINÆ SVBDITORVM SEDITIONES,
ILLÆQVE EVERSÆ.
TVM QVOD IVSTIS, VICTRICIBVSQVE ARMIS
TROPHÆVM REPORTATVM, TRIVMPHVM ARELATE EREXIT.
VOTIS VRBIS.
VOTIS GALLIÆ.
VOTIS ORBIS.

K

Si tamen alter
Gallus Persæo iuueni non sufficit orbis
Extincto Andromedæ monstro fera vincula soluit
Perseus et tantum dimidium, est operis.
Namque tot Andromedas soluit Ludouix quot vrbes
Gallorum, et magnum perficis vnus opus
VIPEREBE FERENS SPOLIVM MEMORABILE MONSTRI
PACIS BELLIQVE MIN.
REGALI VIRTVR IGNE
MAIESTATE SECVRVS
CEDERE NESCIVS
7

PORTRAIT DE L'ARC
DV TRIOMPHE.

VOICY le triomphe que l'on deuoit à Persee, apres la deliurance d'Andromede, laquelle paroit à vn coin du tableau, à desliure des chaines qui la tenoient captiue: le monstre abbattu à ses pieds, se veautrant dans son sang. Ce temple qui est fermé, est celuy de Ianus, comme ce chariot est celuy du triomphe : les quatre cheuaux qui y sont attelez, marquent les quatre parties du monde ; le cocher est la Renommée à la banderole de son trompette chargée de bouches, d'oreilles, & des yeux, comme le reste de sa robe. Persee est en la place accoustumée du vainqueur, qui void descendre vne victoire du ciel, luy portant vne couronne.

L'Andromede, est la France: le monstre, la rebellion: & le Roy le Persee. La declaration de la paix que sa clemence a donnée à ses subjects rebelles, a clos & fermé ce temple. Le cheual noir est l'image de l'Afrique ; le more de l'Amerique ; l'ysabelle de l'Asie ; & & le blanc de l'Europe: d'autant que n'ayant combattu, sinon pour tirer l'Eglise, & son Royaume de l'oppression tyrannique de quelques subjects rebelles, toutes les nations de la terre ont partagé le profit, & vtilité de ses trophées. Ceux qui suiuét ce chariot triomphal, sont entrez glorieusement dans vn meslange de peines, & ont quelque portion en ce triomphe. La Renommée qui est le premier mouuant aux actions des Princes, conduit ce chariot; sans elle Alexandre le Grand n'auroit point fait enterrer des armes, & autres attirails d'vne grandeur desmesurée: & Cæsar n'auroit point mesprisé tout l'or du monde, pour vne feuille de l'aurier. Et le ciel pour monstrer combien les desseings du Roy luy ont esté agreables, mande vn Ange portant vne couronne en main, pour la mettre sur le chef du vainqueur.

La maistresse frize portoit quatre vers, pour l'intelligence de tout l'œuure.

EXTINCTO ANDROMEDÆ MONSTRO, FERA VINCVLA SOLVIT
PERSEVS, ET TANTVM DIMIDIVM EST OPERIS.
NAMQVE TOT ANDROMEDAS SOLVIS, LVDOVICE QVOT VRBES
GALLORVM, ET MAGNVM PERFICIS VNVS OPVS.

L'ame de tout ce corps estoit vn exametre, lequel rehaussoit merueilleusement la gloire du Roy ; tesmoignant que la France, quoy qu'vn monde en sa felicité, abondance, & estenduë, estoit neantmoins vn sejour trop retressi, pour vn courage si releué, si grand & si magnanime.

GALLVS PERSAEO IVVENI NON SVFFICIT ORBIS.

Au couronnement & feste se monstroit vn Alexandre la lance en main, foulant vn monde, lequel auoit en sa base ce mot,

SI TAMEN ALTER.

Alexandre pouuoit desirer vn nouueau monde, mais non sans vanité, car celuy cy n'auoit encor receu ses loix. Ce souhait ne pouuoit naistre dans l'ame d'autre que du Roy, puis qu'il a & possede tres-iustement le tiltre d'arbitre irrecusable de la Chrestienté.

L'eloge declare la qualité du monstre abbattu, qui est de la race des viperes, lesquelles ouurent les flancs maternels, & les deschirent pour voir le iour. Ce que les rebelles ont pratiqué dans les tenebreux desseings de leur rebellion, s'efforçans de ruïner les entrailles de la France leur mere, pour donner quelque iour à leurs souhaits pernicieux & detestables.

VIPERI REFERENS SPOLIVM MEMORABILE MONSTRI.

Au premier embleme, Cæsar estoit dans vn nauire, contraignant le nocher d'aller en despit du vent & de la tempeste, auec ce mot,

FATA DABVNT INVITA CORONAS.

Car encor que le sort & le destin eussent marqué la cheute de la France, par des sousleuemens si outrageux : si est-ce que le Roy les deuoit contraindre à vn nouueau decret, & à contribuer des couronnes pour ses victoires.

Marcus Lucullus estoit au second embleme, en presence de son
ennemy

ennemy, irresolu neantmoins s'il le deuoit combattre, attendu l'in-
esgalité de ses forces. Balancé d'vne pensée si necessaire, vn vent
se leua d'vn pré voisin, portãt auec son haleine agreable des fleurs
sur la teste des soldats, ils creurent que c'estoit vn present du ciel
messager de la victoire, & soubs ceste esperance ils s'esbranslerent
contre leurs ennemis, & furent les vainqueurs, le mot estoit,

SI IVPITER ADSIT.

Il n'y a rien d'impossible à Dieu, il altere les elemens, & forge
dans l'air, comme dans vne fournaise, des foudres espouuantables;
il esbransle la terre, & la fait entrouurir; enfle les riuieres, & porte
les mers comme montagnes d'eau sur la terre; glace le cœur aux
hommes, & leur leue le courage. Qui donc ne croira que la victoire est infallible au Roy, puis qu'il combat pour la querelle de Dieu,
& que Dieu mesmes est de la partie.

A main droite il y auoit encor vn arc attaché au grand & originaire.   Le tableau rapportoit vn Timotheus dormant, appuyé
sur vn arbre, & vn retz & filé en main, dans lequel la fortune en-
fermoit les villes, auec ce mot,

VRBES SORTE CAPIT, IVSTO TV MARTE TRIVMPHAS.

Bien contraire, à la verité, au Roy, lequel auec des peines incro-
yables, des veilles indicibles, & d'hazars tres-dangereux se rendoit
maistre des villes : aussi Timothee dormoit prenant les villes; le
Roy veilloit : la fortune les luy amenoit toutes prinses; & le Roy
combattoit les villes & la fortune : bref Timothe estoit assaillant,
conquerant, & victorieux par le sort : & le Roy en veritable Mars,
forçoit les hommes, & les villes de rendre hõmage à sa vaillance.

Il y auoit deux emblemes, dont le premier estoit vne Nymphe
vestuë à la Françoise adorant vn lys, presage que desormais la
France oublieroit les partialitez, que la religion y auoit introdui-
tes, & ne porteroit ses vœux & obeïssances qu'au Roy : le mot estoit.

TIBI SERVIET VNI.

L'autre auoit en fonds des Singes peints, qu'vn Leopard leur
ennemy naturel deschiroit.

Rien n'est tant approchant de la nature des Singes que la rebellion : la resolution prinse dans la Rochelle, les articles dressez sur
leur deliberé, monstrent bien qu'ils contrefont les Roys. Le Leo-

58 pard feint & simule de dormir pour surprendre les Singes : le Roy, n'eut point fait le Roy si sa bonté trop souuent agacée & irritée, n'eut esté forcée à prendre vengeance des deportemens si prodigieux: cest embleme auoit pour ame,

MIHI PRÆDA QVIES.

L'image du troisiesme arç lié , & vny auec ceux que i'ay descris, estoit la constellation de Persée, que si l'antiquité fabuleuse a voulu apotheoser Persée, & le loger dans le ciel pour recompense de ses trauaux , quel seiour sera capable d'essuyer les peines souffertes par le Roy? sinon le ciel, non fabuleux comme celuy de Persee: mais le ciel veritable, de la plus veritable gloire. Ce portrait estoit animé par ce vers,

SI PERSEVM CÆLO, QVA REGEM PARTE LOCABIS?

Le premier embleme marquoit vne grande estoile couronnée, & enuironnée de plusieurs petites estoiles , tant pour abbaisser la gloire de Persee,& des autres Heros qu'on a placés dans le ciel,que pour exprimer la grandeur du Roy,autant releuée par dessus celle des Roys de l'Europe, comme ceste estoile surpasse celles qui l'enuironnent, le mot,

INTER OMNES.

En l'autre embleme , on descouuroit vn aigle poussant à tired'aisle vers les espaces imaginaires:l'aigle est le roy des oyseaux,& le Roy est le Roy des hommes , la gloire à laquelle il aspire est hors de toute cognoissance, & se porte par la sublimité de son cœur au delà des espaces imaginaires,& n'a point d'arrest qu'au point de la parfaicte gloire,le mot,

ALTIVS AVDET.

Les bases estoient de lyons en diuerses postures, parce que la Ville porte le lyon en ses armes,lequel elle a receu des Bosons , ses anciens Roys. Il se voit encor vn tombeau auec ses armes dans le cloistre de la grande Eglise d'vn Preuost appellé Guillaume, qui estoit de ladite maison.

En la premiere base il y auoit vn lyon dormant, auec ce mot.

MAIESTATE SECVRVS.

Le

Le lyon dort hors de ſon giſte, ce que les autres animaux n'oſent faire. Les Naturaliſtes diſent qu'il recognoit en ſoy les marques de la royauté qu'il a par deſſus le reſte des animaux, & que cela luy donne l'aſſeurance de dormir en pleine campagne : ou bien parce qu'il dort les yeux ouuerts, & que les autres animaux croyans qu'il veille n'oſent l'aborder. La Ville d'Arles tire ſon aſſeurance, & par le ſoin & diligence qu'elle apporte à ſa conſeruation, & par les anciennes marques de ſa royauté, qui la font encor reſpecter de ſes voiſins.

En la ſeconde baſe il y auoit vn lyon entrant en fureur, par la chaleur fiebureuſe qui le bruſle continuellement, auec ce mot,

REGALI VRITVR IGNE.

Comme ſi Arles n'auoit point d'autres ardeurs, que celles qui le paſſionnent, & le bruſlent pour le ſeruice de ſa Majeſté, ce feu luy eſtant propre & connaturel.

En l'autre baſe s'y voyoit vn lyon attaqué par pluſieurs animaux : mais en eſtat de vainqueur, auec ce mot,

CEDERE NESCIVS.

Iamais Arles n'a ſceu que c'eſt de ceder : les trois pointes du tonnerre, la peſte, famine, & guerre ont peu l'attaquer, & non l'eſbranler. Sa conſtance a eſté vn rocher au milieu des ondes : mais vn rocher royal diſſipant les flots & vagues ennemies de la royauté.

La derniere baſe portoit les armes ordinaires de la Ville, non auec ſa deuiſe qu'eſt

AB IRA LEONIS.

mais auec celle cy qu'on a deſſeignée :

HÆ PACIS BELLIQVE MINÆ.

portant vn deffi contre les ennemis du Roy, par lequel on leur offre ou la paix, ou la guerre. Imitant le lyon, lequel combat puiſſamment ceux qui luy reſiſtent, & careſſe ceux qui luy demandent la paix, n'oſant meſme aigrir ſon courage contre ceux qui ſont abbattus, ny contre le ſexe des femmes, comme indignes de ſa force, & de ſa cholere.

L 2

DE LA VILLE D...

... La Ville d'Arles ...

O QVANTA FVDI MONSTRA

NVLLA MEIS SINE TE QVÆRETVR GLORIA REBVS
SEV PACEM SEV BELLA GERAN

HÆC QVOQVE COGNITA MONSTRIS   IMPEDIAM

VICTRICESQVE REFERT PALMAS AD SYDERA VICTOR

DERNIER ARC TRIOMPHAL.

C'EST l'anacephaléofe, & clofture du triomphe. Les anciens Capitaines dreffoient vn bufcher, & en la prefence de l'armée, habillez de pourpre, brufloient les defpouilles ennemies, comme rendans leurs vœux par ce facrifice à Vulcan. Le Roy ne vouloit pas bruf-ler les defpouilles, mais il vouloit ietter dans le feu de fon amour, & de fa clemence, les offences de fes fubiects rebelles, & par ce facrifice agreable à Dieu s'acquitter d'vn vœu fi fainct & facré, que celuy qu'il deuoit au ciel pour fa victoire. Auffi eftoit il à genoux habillé de fon manteau royal, le fceptre, la couronne, l'efpée, & la maffue d'Hercule fur vn oreiller; profeffant deuant le S. Sacrement, qu'il n'auoit rien tant à cœur que l'honneur de fes autels; puis que par fa vertu il auoit abbattu tant de monftres, que la rebellion auoit engendrez: & fon portrait eftoit animé par ce mot,

O QUANTA FUDI MONSTRA.

Et dautant que toutes les actions du Roy, foit de paix ou de guerre, ont leur rapport à Dieu, il y auoit en la frize dominante ce vers,

NVLLA MEIS SINE TE QVÆRETVR GLORIA REBVS,
SEV PACEM, SEV BELLA GERAM.

L'eloge exprimoit le remerciement que le Roy rendoit au ciel, pour l'affiftance particuliere qu'il en auoit receuë en fes armes.

VICTRICESQVE REFERT PALMAS AD SYDERA VICTOR.

Les deux emblemes reprefentoient Hercule en fon enfance, eftouffant les ferpens, & fa maffue domptant les monftres en fon aage viril & robufte.

Le premier tenoit en main vne couronne, laquelle il releuoit pour empefcher deux ferpens, qui vouloient luy donner des atteintes, auec ce mot, *IMPEDIAM.*

M.

Les serpens sont l'heresie, & la rebellion qui ont voulu choquer l'estat : mais le Roy en vaillant Hercule les a foulez aux pieds, & leur a escrazé la teste.

L'autre c'est la massue, deuise ordinaire de sa Majesté, & empreinte en la mandille de ses hoquetons blancs, auec ce mot :

HÆC QVOQVE COGNITA MONSTRIS.

Celuy qui la desseigna fit vn heureux presage de la vie du Roy, car il y a ce mot (*erit*) & il semble qu'il sçauoit la naissance prodigieuse de tant de monstres ; & que par vne prophetie diuinement inspirée, il estoit asseuré des victoires que sa Majesté en deuoit obtenir.

LE

LE Vainqueur portoit le laurier dans le temple, & le mettoit dans le sein de Iupiter, le recognoissant pour autheur de ses victoires; & le Roy tout couuert de lauriers, qu'il auoit esbranchez en diuers lieux de la France, entra dás l'Eglise S. Trophime, premier Apostre des Gaules; & de qui les François ont succé le laict du Christianisme, au rapport de S. Zozime Pape. Eglise si celebre, qu'outre la legature des Papes au deça des Alpes, elle a encor porté le surnom de saincte, depuis le quatriesme siecle, & offrit à Dieu l'honneur de ses combats, puis qu'il en estoit l'autheur. Sur la porte il n'y auoit que de festons de laurier, auec les armes de sa Majesté, & ces deux vers,

ORBIS DELICIÆ, REGVM REX INCLYTE SALVE,
ET TROPHIMI DEXTER, GALLICA TEMPLA SVBI:

Et au dessoubs ceste inscription en or sur l'azur, laquelle est vn abregé de la grandeur, gloire, & saincteté de l'Eglise d'Arles.

SANCTA ARELATENSIS ECCLESIA, SECVNDA OLIM SEDES APOSTOLICA, GALLICO APOSTOLATV CELEBRIS, SVPER SEPTENDECIM PROVINCIAS, CHILDEBERTI EX CLODOVAEO PROCVRATIONE, INSIGNIS. BVRGVNDIONVM REGVM REGIA, REGALIS. BOSSONIS, ET FILII PRIVILEGIIS, INCLYTA, IMPERATORVM AQVILIS, CASTRIS, VRBIBVS, ET PRINCIPATV FAMOSISSIMA. COMITVM THOLOSANORVM HOMINIO, ET CLIENTELA ILLVSTRIS. VICE-COMITVM MASSILIENSIVM LIBERALITATE DITATA. COMITVM PHOCENCIVM, ET REGVM GALLORVM PATROCINIO INTEGERRIMA. ARCHIEP. DIGNIT. PERSON. CANONICI.
LVD. XIII. GAL. ET NAV. REGI IVSTISSIMO, QVOD EIVS ARMIS GALLIA PRISTINAM FIDEM, ROBVR, GLORIAM RECVPERARIT, PERPETVAM EIVS PRÆLIIS VICTORIAM, ÆTERNAM PROVINCIARVM EIVS REGNO ACCESSIONEM, ET INTERMINATAM EIVS VOTIS PACEM, ÆTERNVM, PERPETVVM, ET INTERMINATE EX ANIMO VOVENT.

M   2

Sa Majesté entrant dans ladite Eglise, les Ordres des Religieux
ayant prins les aisles, & laissé la grande nef vuide, trouua à la porte
vn accoudoir couuert de velours cramoisi auec ses carreaux, &
Monsieur l'Archeuesque qui n'auoit bougé de ladite Eglise, vestu
Pontificalement, assisté de son Chapitre, lequel apres auoir presen-
té la Croix au Roy, qui se mit à genoux, la baisa, & receut de l'eau
beniste, ledit Sieur Archeuesque parla à sa Majesté, & dit.

SIRE,

Les Cosmographes nous enseignent qu'il y a certains pays, où le soleil ne pa-
roist sur leur horizon que de six en six moys. Les peuples où cest aspect se
rencontre, lors qu'apres vne si longue nuict ils voyent paroistre ce bel astre,
sont si esperdus de ioye, que les paroles ne leur suffisent pas pour expliquer
leur aise, & leur contentement.

Nos Roys, SIRE, sont les soleils de nostre France, dont les douces
& gracieuses influences donnent l'estre, la vie, & le mouuement à leurs peuples. Nostre infortune est telle en ces contrées, qu'à peine voyons nous ces soleils vne fois en chasque siecle : A present que par vne grace, & faueur extraordinaire du ciel, nous voyons vostre Majesté sacrée, le grand soleil de
nostre France, briller & esclairer sur nos testes, nous nous trouuons tellement
transportez de ioye, & comblez de contentement, que nous n'auons pas de
paroles assez pour les pouuoir representer, en ceste sorte comme abysmés dans
le contentement, nous voicy aux pieds de vostre Majesté, pour l'asseurer de
nostre tres-humble & tres-fidele seruice, & luy offrir tout quant & quant,
non nos biens, puis que nous ne les possedons que soubs le bon plaisir de vostre
Majesté : mais nos personnes, nos vies, nos cœurs, nos volontez, & nos
affections.

Au reste, comme nous auons eu subject de remercier sa diuine bonté du
plus profond de nos cœurs, de ce qu'il luy a pleu inspirer en l'ame de V. M.
vne si saincte, si haute, si releuée, & si genereuse entreprinse, de vouloir purger
son Royaume de ce monstre horrible de la rebellion, & reduire ces ames esga-
rées soubs le ioug de son obeissance ; aussi auons nous dequoy louer & admi-
rer æternellement la prompte obeyssance que V. M. a tesmoigné porter
aux voix secrettes du ciel : ce qui n'a point esté sans recompense, puis que
V. M. a peu dire iusques à maintenant, ce que dit vn iour vn grand Empereur de Rome : Ie suis venu, I'ay veu, I'ay vaincu.

Que puissiez vous, SIRE, tousiours triompher glorieusement de vos
ennemis :

ennemis: Que puißiez vous,comme voftre nom glorieux vole par tout l'v-
niuers, y porter außi vos armes victorieufes. C'eft ce que toute la France,
voire toute la Chreftienté va vous augurant : ce font nos fouhaits eʒ nos
defirs; ce font les vœux eʒ prieres ordinaires que fait à fa diuine Majefté
cefte compagnie d'Ecclefiaftiques, deftinez à feruir Dieu en cefte Eglife.
Eglife l'vne des plus celebres, eʒ plus illuftre de voftre Royaume, eʒ qui
pour le grand nombre des faincts Pafteurs eʒ Prelats qui l'ont regie eʒ gou-
uernee, s'eft acquife de longue main ce beau eʒ glorieux tiltre de faincte. Et
qu'il luy plaife combler en telle façon V. M. de fes fainctes eʒ diuines gra-
ces, que comme elle s'eft defia acquife l'honneur d'eftre l'vn des plus gene-
reux, des plus pieux, des plus deuots, des plus craignans Dieu, eʒ des plus
iuftes Roys qui ayent porté fceptre en la Monarchie Françoife, elle aille croif-
fant tous les iours en vertus, eʒ actions royales, en forte qu'elle puiffe feruir
à la pofterité de patron, eʒ de modele à tous les Roys qui viendront apres
luy pour viure royalement, eʒ fainctement guider eʒ conduire les peuples qui
leur feront commis.

Le Roy refpondit, & loüa le zele & l'affection du Sieur Archeue-
uefque & Chapitre au bien de fon Royaume ; & le pria de conti-
nuer à porter fes prieres au ciel, pour le falut & la profperité de la
France ; & fe rendit incontinent anpres de l'Autel, où l'on auoit
preparé vn accoudoir couuert de velours verd, auec fes carreaux,
foubs vn daix de toile d'argent à fonds verd, tout couuert de fleurs
de lys d'or en broderie; & lors on dit en mufique, fur les orgues en
action de graces le *Te Deum laudamus.* Monfieur l'Archeuefque
apres auoir recité les Oraifons qui fe trouuent dans le Pontifical
Romain, à l'entrée & reception des Roys, donna la benediction.

Ces ceremonies acheuées, le Roy fe retira dans le Palais de l'Ar-
cheuefche, fuiuy des vœux & acclamations publiques de tout fon
peuple, dont la plufpart preffez par la grandeur de l'aife, & du
contentement de voir fa face royale, tiroyent les larmes de leurs
yeux. L'on n'entendoit que, Viue le Roy LOYS, par tout, & bref
toute la ville eftoit aux plus chauds boüillons de la ioye.

Le lendemain lundy 31. fe paffa en la proclamation publique,
que le Roy toucheroit les malades le iour de tous les Saincts, & en
l'audience des Ambaffadeurs.

Le mardy premier Nouembre, iour dedié à la fefte de tous les
Saincts, le Roy fit fes deuotions, & communia des mains de Monfieur l'Archeuefque de Tours, grand Aumofnier de France, affifta

à la Meſſe Pontificale dite par Monſieur l'Archeueſque d'Arles, apres laquelle ſa Majeſté toucha les malades en la baſſe Cour de l'Archeueſché.

Le lendemain le Roy partit pour voir toutes les autres villes de la Prouence, & laiſſa au cœur des habitans autant de regret par ſon abſence, que ſa preſence auoit apporté de ioye & de contentement.

Si bien que l'on pourra dire à ceux qui viendront apres nous, ce que Demarathus le Corinthien diſoit à Alexandre, le voyant aſſis dans le throſne royal de Darius: O que les Grecs qui ſont decedez ſont priuez d'vn grand contentement, puis qu'ils n'ont pas eu l'honneur de voir Alexandre aſſis au throſne royal de Darius.

F I N.

Fautes ſuruenues à l'Impreſſion.

Page 3.ligne 1.plaiſir liſez deſir. l.10.trauaille l.trauailla. l.17.L'Orace l.l'Oracle.l.32.preux l.pieux. p.4.l.1.vn l.vne. l.17.Bouchez l.Boches. l.28.feſte l.foſſe. p.7.l.19. ioignirent l.ioignoient. p.13.l.12. Roches l.Boches.p.14.l.30.Fortunaciſſimus l.Fortunatiſſimus.p.18.l.32.le l.la.p.19.l.3.lieu de l.lieu.Le, p.25.l.33.Conſtantium: l.Conſtantiom. p.27.l.22.Omnium l.O nimium. p.31.l.27.la l.le. p.33.l.22.le l.la.l.24.chargée l.changée.p.51.l.6.Errici l.Eorici.p.56.l.24.viperi l.viperei.